基础会计

主　编◎于广敏　唐　亮　张建峰
副主编◎孙文学　魏　震　王思萌
参　编◎杨　爽　聂　娇　李　娜　李　铮　宁　然

清华大学出版社
北京

内 容 简 介

本书依据财政部发布的《企业会计准则》和《企业会计准则——应用指南》，在"岗课赛证"全融通的基础上，以"加强专业建设和课程改革，提高人才培养质量"为指导进行编写。

本书共设计了七个模块，其中，模块一为初识会计，介绍了会计的基本理论知识；模块二至模块七分别介绍了填制和审核会计凭证、核算企业日常业务、登记账簿、选择应用账务处理程序、组织开展财产清查、编制会计报表。

本书可作为高职院校基础会计课程的教材，也可作为高等院校非会计专业学习会计知识的教材或教学参考书，还可作为会计人员岗位培训教材或相关财务工作者和经营管理人员的参考书、自学用书。

本书封面贴有清华大学出版社防伪标签，无标签者不得销售。
版权所有，侵权必究。举报：010-62782989，beiqinquan@tup.tsinghua.edu.cn。

图书在版编目（CIP）数据

基础会计 / 于广敏，唐亮，张建峰主编. —北京：清华大学出版社，2022.5
ISBN 978-7-302-60607-9

Ⅰ．①基… Ⅱ．①于… ②唐… ③张… Ⅲ．①会计学 Ⅳ．①F230

中国版本图书馆 CIP 数据核字（2022）第 064487 号

责任编辑：杜春杰
封面设计：刘　超
版式设计：文森时代
责任校对：马军令
责任印制：杨　艳

出版发行：清华大学出版社
网　　址：http://www.tup.com.cn，http://www.wqbook.com
地　　址：北京清华大学学研大厦 A 座　　　邮　编：100084
社 总 机：010-83470000　　　　　　　　　邮　购：010-62786544
投稿与读者服务：010-62776969，c-service@tup.tsinghua.edu.cn
质量反馈：010-62772015，zhiliang@tup.tsinghua.edu.cn

印 装 者：北京鑫海金澳胶印有限公司
经　　销：全国新华书店
开　　本：203mm×260mm　　　印　张：14　　　字　数：384 千字
版　　次：2022 年 7 月第 1 版　　　　　　　印　次：2022 年 7 月第 1 次印刷
定　　价：49.00 元

产品编号：091613-01

前　言

2019年1月，国务院印发了《国家职业教育改革实施方案》（以下简称"职教20条"），提出了"三教"（教师、教材、教法）改革的任务。其中，教材的改革是基础，它解决教学系统中"教什么"的问题。如何进行新教材的建设？"职教20条"的第九条明确指出"遴选认定一大批职业教育在线精品课程，建设一大批校企'双元'合作开发的国家规划教材，倡导使用新型活页式、工作手册式教材并配套开发信息化资源。"因此，教材改革一是要在教材内容上体现新技术、新工艺和新规范，突出应用性与实践性，关注技术发展带来的变化；二是要完善教材形态，对经典的纸质教材，通过配套信息化教学资源，形成"新型活页式、工作手册式教材+在线课程平台"的新形态一体化教材体系，以满足"互联网+职业教育"的新需求。

随着我国进入新发展阶段，实现职业教育高质量发展，对优化专业设置、推动专业升级和数字化改造提出新的更高要求，2021年3月，教育部发布了新版职业教育专业目录，其中高职"会计"专业更名为"大数据与会计"专业。作为高职大数据与会计专业基础课程的基础会计，急需一本能够体现新时代特色的教材，在此背景下，我们尝试编写了本书。

本书依据财政部发布的《企业会计准则》和《企业会计准则——应用指南》，在"岗课赛证"全融通的基础上，以"加强专业建设和课程改革，提高人才培养质量"为指导进行编写。全书共设计了七个模块，其中，模块一为初识会计，介绍了会计的基本理论知识；模块二至模块七分别介绍了填制和审核会计凭证、核算企业日常业务、登记账簿、选择应用账务处理程序、组织开展财产清查、编制会计报表。

本书的创新之处是：在每一个模块下均设置了"案例背景"；每一单元都会根据本单元的知识内容，结合本模块案例背景"布置任务"，围绕着任务进行"理论学习""案例分析及业务操作""固基强技"；每一模块的最后呈现"寓德于教"小案例和"模块总结"。另外，每个实践任务都有详细的具体操作步骤，便于学生理解和掌握会计的基本方法和操作流程。通过学习本书，学生们可以独立完成基本的会计核算工作，并且培养学生们的会计思维模式，有利于提高其分析问题、解决问题的能力。

本书的主要特点如下。

（1）教学设计新颖，教学手段创新。本书颠覆了传统的从基本理论到实务操作的会计原理教学模式，采用以建账为起点和核心，分散辐射至编制报表、填制和审核会计凭证，并穿插进行所有理论知识点的学习这种全新的教学思维，而且在教学过程中采用"翻转课堂"，培养学生对新知识的探索能力，提高学生的主动学习能力。

（2）校企合作开发，基于企业真实场景，模块导向，任务驱动，体现财务与业务融合。本书紧密结合企业实际，以模块为导向，以任务为驱动，将教学内容设计成具体技能训练项目，体现了项目化教学的要求。本书以制造业企业的日常经营活动为原型，以会计核算的实际操作为主线组织教学内容，全面、系统地介绍了企业各项业务的处理流程，体现了财务与业务一体化的管理思想，具有很强的实战性和可操作性，有利于提高学生的会计分析和处理能力。

（3）教学资源丰富，实现"可视化"和"碎片化"学习。本书配有丰富的教学资源，包括教学大纲、教学进度计划、教学课件、微课视频、习题库等，实现了教学资源的立体化和多样化，为教师和学生提供全面的教与学的支持。

本书可作为高职院校基础会计课程的教材，也可作为高等院校非会计专业学习会计知识的教材或教学参考书，还可作为会计人员岗位培训教材或相关财务工作者和经营管理人员的参考书、自学用书。

本书由河北建材职业技术学院、北京九诺财税服务有限公司、燕京职业技术学院共同合作开发完成，于广敏、唐亮、张建峰任主编，孙文学、魏震、王思萌任副主编，杨爽、聂娇、李娜、李铮、宁然和刘丹参与了本书的编写。具体分工为：于广敏和王思萌负责模块三，唐亮负责模块二和模块四，张建峰负责模块一和模块七，宁然和李娜负责模块五，杨爽负责模块六；聂娇负责所有微课的录制和习题的编纂；李铮和王思萌负责所有图表的设计；孙文学和燕京职业技术学院的魏震参与了本书的整体设计；北京九诺财税服务有限公司的刘丹负责提供本书的案例；河北建材职业技术学院的于广敏、唐亮、张建峰和王思萌进行了教材的修改定稿。

在本书的编写过程中，参考了大量文献，在此谨向相关作者表示真诚的谢意。限于作者的水平，加之时间仓促，书中难免存在不足，恳请广大读者提出宝贵的意见和建议，以便我们日后修订和改进。

编 者
2021 年 10 月

目　　录

模块一　初识会计 1
 引子 2
  一、会计史话 2
  二、会计目标 4
 单元一　会计要素及会计等式 5
  一、会计要素 6
  二、会计等式 10
  三、经济业务对会计等式的影响 11
 单元二　会计科目与账户 13
  一、会计科目 13
  二、会计账户 15
 单元三　借贷记账法 17
  一、借贷记账法的含义 17
  二、借贷记账法下账户的结构 18
  三、借贷记账法的记账规则 20
  四、借贷记账法下的账户对应关系与会计分录 22
 单元四　试算平衡 23
  一、发生额试算平衡 24
  二、余额试算平衡 24
  三、试算平衡表 24

模块二　填制和审核会计凭证 36
 单元一　填制和审核原始凭证 37
  一、原始凭证的含义和种类 37
  二、原始凭证的基本内容 41
  三、原始凭证的填制要求 42
  四、原始凭证的审核 43
 单元二　填制和审核记账凭证 51
  一、记账凭证的含义和种类 51
  二、记账凭证的基本内容 54
  三、记账凭证的填制要求及填制方法 54
  四、记账凭证的审核 57

模块三　核算企业日常业务 … 64
单元一　筹集资金业务的核算 … 66
一、投资者投入资金的核算 … 66
二、借入资金的核算 … 67
单元二　供应过程的核算 … 75
一、固定资产成本的确定 … 75
二、材料采购成本的确定 … 76
三、账户设置 … 76
单元三　生产过程的核算 … 93
一、产品生产成本的构成 … 94
二、账户设置 … 94
三、成本计算 … 97
单元四　销售过程的核算 … 105
一、制造业企业商品销售收入的概念 … 105
二、制造业企业商品销售成本的计算 … 106
三、账户设置 … 106
单元五　财务成果形成与分配业务的核算 … 118
一、财务成果形成的核算 … 118
二、财务成果分配的核算 … 121

模块四　登记账簿 … 128
单元一　账簿的启用与登记要求 … 131
一、会计账簿的概念与分类 … 131
二、会计账簿的启用 … 136
三、会计账簿的登记要求 … 136
单元二　账簿的格式和登记方法 … 137
一、日记账的格式和登记方法 … 138
二、总分类账的格式和登记方法 … 139
三、明细分类账的格式和登记方法 … 139
四、总分类账户和明细分类账户的平行登记 … 140
单元三　错账更正方法 … 145
一、错账的常见类型 … 145
二、错账更正方法 … 146
单元四　对账与结账 … 149
一、对账 … 149
二、结账 … 150
三、会计账簿的更换 … 151
四、会计账簿的保管 … 151

模块五　选择应用账务处理程序 ... 153
单元一　记账凭证账务处理程序 ... 154
　一、记账凭证账务处理程序的一般步骤 ... 154
　二、记账凭证账务处理程序的特点、优缺点和适用范围 ... 155
单元二　科目汇总表账务处理程序 ... 166
　一、科目汇总表编制方法 ... 167
　二、科目汇总表账务处理程序的一般步骤 ... 168
　三、科目汇总表账务处理程序的特点、优缺点和适用范围 ... 168

模块六　组织开展财产清查 ... 177
单元一　库存现金的清查 ... 178
　一、库存现金清查的种类 ... 178
　二、库存现金清查的范围 ... 179
　三、库存现金清查的方法 ... 179
　四、库存现金清查的账户设置 ... 180
　五、库存现金清查的账务处理 ... 180
单元二　银行存款的清查 ... 182
　一、银行存款清查的方法 ... 182
　二、未达账项的含义和分类 ... 182
　三、银行存款清查的步骤 ... 183
　四、银行存款余额调节表的编制方法 ... 184
单元三　实物资产的清查 ... 185
　一、财产物资的盘存制度 ... 185
　二、实物资产的清查方法 ... 185
　三、实物资产清查结果的账务处理 ... 187

模块七　编制会计报表 ... 192
单元一　财产会计报告概述 ... 194
　一、财务会计报告的概念及构成内容 ... 194
　二、财务会计报告的作用 ... 194
　三、财务会计报告的分类 ... 195
单元二　资产负债表 ... 196
　一、资产负债表的作用与分类 ... 197
　二、资产负债表的格式 ... 198
　三、资产负债表的编制 ... 201
单元三　利润表 ... 208
　一、利润表的概念和作用 ... 208
　二、利润表的内容与格式 ... 209
　三、利润表的编制 ... 211

参考文献 ... 216

模块一　初识会计

知识目标

1. 了解会计发展的基本历程；
2. 掌握会计相关基本概念；
3. 熟悉会计要素的具体内容；
4. 理解会计等式的基本原理；
5. 理解会计科目和账户设置的基本原理；
6. 掌握借贷记账的基本原理；
7. 掌握试算平衡的方法。

能力目标

1. 能够把企业的经济业务按照会计要素和会计科目的标准进行分类；
2. 能够按照借贷记账法进行简单的记录；
3. 能够解释企业发生经济业务后，会计等式为什么依然保持平衡。

案例背景

北京昊天机械制造有限责任公司为增值税一般纳税人，增值税税率为 13%，城市维护建设税税率为 7%，教育费附加税率为 3%，企业所得税税率为 25%，各账户期初余额如表 1-1 所示。

表 1-1　北京昊天机械制造有限责任公司总分类账户余额表

2020 年 11 月 30 日　　　　　　　　　　　　　　　　　单位：元

资产类账户	借方余额	负债及所有者权益类账户	贷方余额
库存现金	4000	短期借款	300 000
银行存款	400 000	应付账款	20 000
应收账款	25 000	应交税费	4000
原材料	80 000	实收资本	935 000
库存商品	300 000		
固定资产	450 000		
总计	1 259 000	总计	1 259 000

公司 2020 年 12 月的经济业务如下。

【业务 1-1】2020 年 12 月 1 日，北京昊天机械制造有限责任公司接受北京光明矿业有限公司投入生产设备一台，双方确认的价值为 13 800 000 元（假定不考虑增值税因素），双方约定的价值即为投资者在本企业注册资本中所占的份额，北京昊天机械制造有限责任公司已如期收到设备，并验收投入使用。

【业务 1-2】2020 年 12 月 3 日，北京昊天机械制造有限责任公司向北京金达有限金属有限公司购入甲材料 10 000kg，单价 30 元，价款总计 300 000 元（假定不考虑增值税因素），款项以银行存款支付，材料已验收入库。

【业务 1-3】2020 年 12 月 5 日，北京昊天机械制造有限责任公司向北京新兴金属有限公司购入甲材料 2000kg，单价 30 元，价款总计 60 000 元（假定不考虑增值税因素）。材料已验收入库，款项未支付。

【业务 1-4】12 月 21 日，北京昊天机械制造有限责任公司用现金购买零星办公用品 800 元。

【业务 1-5】12 月 23 日，北京昊天机械制造有限责任公司向北京晨星有限公司销售 A 设备 40 台，每台售价 5000 元，共计价款 200 000 元（假定不考虑增值税因素），设备已经发出，款项尚未收到。

【业务 1-6】12 月 25 日，北京昊天机械制造有限责任公司出纳到银行提取 5000 元备用金。

引　子

会计作为人类的一种社会实践活动，源远流长。"会"是总合着算，"计"是零散着算。"会计"一词最早见于《史记·夏本纪》："禹会诸侯江南，计功而崩，因葬焉，命曰会稽。会稽者，会计也。"大禹晚年在绍兴的苗山上大会诸侯，稽核他们的功德，这个行动称为会稽（会计），并且把此地称为"会稽山"。

人类最早的会计思想、会计行为是社会发展到一定历史阶段的产物。整个会计发展的历史大致可以分为以下几个阶段，每个阶段都有其明显的特征。

一、会计史话

（一）会计萌芽——结绳记事

结绳记事被看作数学、文字及会计的起源，据考古专家说，人类在旧石器时代主要靠打猎和采摘为生，也就是靠天吃饭，时多时少。为了生存，当时的人们需要在猎物打得多时储存一部分，天气恶劣时再进行分配，为了便于记录，他们打到猎物后在绳子上打结，这就是"结绳记事"。其结绳方法，据《易九家言》记载："事大，大结其绳；事小，小结其绳，结之多少，随物众寡。"即根据事件的性质、规模或所涉及数量的不同系出不同的绳结。可以说，萌芽期的会计思想就是用数来反映人类活动的日常情况。

（二）石器时代——分类登记

随着人类社会的发展，进入新石器时代的人们有了先进的工具，可以打到更多的猎物，于是人们将不同的猎物分别用不同的绳子进行记录。例如，在绳子上分别拴上狐狸耳朵和兔子耳朵，这就是分类思想的产生。现在的会计账户就是分类思想的演绎，例如，超市在采购矿泉水时，就在"库存商品——矿泉水"的账户上进行记录；超市在采购面包时，就在"库存商品——面包"的账户上进行记录。所以有学者说，会计是分类的艺术。

（三）初步文明社会——专职会计的诞生

当人们进入初步文明的社会后，出现了人类的分工，有的人擅长种庄稼，有的人擅长打猎。由于种庄稼的人想吃肉，打猎的人也需要吃米饭，于是就产生了"交易"。交易的产生促进了货币的产生。货币可以衡量一切人类劳动成果，可以记录和核算人类的经济活动，但是这需要专门的学习和记录才能掌握方法，因此，出现了早期的专职会计人员，古代会计也就诞生了。

在我国秦汉时期，人们很少有借款，通常资产多了就是收入，资产少了就是支出，剩下的就是利润，也就是"收入-支出=利润"，这就是"三柱记账法"。

到了唐宋时期，考虑到资产剩下的当年的利润，也可能是上一年剩下的，就变成了"期初结存+本期收入-本期支出=期末结存"，这就是"四柱记账法"。所谓"四柱"，就是反映钱粮的"旧管"（期初结存）、"新收"（本期收入）、"开除"（本期支出）、"实在"（期末结存），也就是现在账户的基本结构。

在明末清初，产生了"龙门账"，将账目划分为"进"（收入）、"缴"（支出）、"存"（资产）、"该"（负债），年终通过"进"与"缴"对比、"存"与"该"对比，确定盈亏，计算结果若完全吻合，称为"合龙门"。

（四）欧洲大航海时代——复式记账法

随着时代的进步，欧洲进入了大航海时代，由于海上贸易需要很多资金，于是出现了专门借款的银行家，这时企业的资产就不一定是企业股东的了，也可能是借来的，于是就产生了会计第一等式："资产=负债+所有者权益"。同时，资产的增加不一定是收入的增加，还可能是借来的或者股东投入的；资产的减少不一定是费用，也可能是用于还债或者给股东分红。因此，需要重新定义收入和费用，也就产生了会计第二等式："收入-费用=利润"。这两个等式中包括了会计核算的六个方面，也就是会计六要素。会计核算的内容从过去只核算事物的自然属性，扩展到了核算事物的权属关系。

1494年，意大利数学家卢卡·帕乔利出版了他的《算术、几何、比及比例概要》一书，系列地介绍了复式记账法。由于这本书的出版，复式记账法在欧洲和全世界得到推广，卢卡·帕乔利也被称为"现代会计之父"。这是近代会计发展史上的第一个重要里程碑，标志着记账方法从单式记账法向复式记账法转变。

（五）工业革命——两大会计分支的形成

到了20世纪初期，由于工业革命的迅速发展，企业与企业之间的竞争要求企业提高效率和效益，因此产生了侧重企业内部管理、提高企业效益的管理会计，而传统的侧重股东和债权人财务状况的会计叫作财务会计。两大会计分支的形成标志着现代会计的产生。

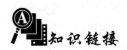

"四大"财务机器人高调现身 这是要把会计逼上绝路

没有一点点防备，智能系统铺天盖地地出现，尤其是在财务界掀起了一阵风潮，广大会计群体还未从财务共享里跳出来,就听到各种不好的消息,尤其是"四大"财务机器人纷纷出炉,更是在财务圈子掀起了一阵阵恐慌。

2017年5月,四大会计师事务所之一的德勤出现了"德勤财务机器人"的H5动画,这可以算是财务机器人第一次出现在公众面前,录入数据,合并数据,汇总,并且同时担任监管和管理工作。当这个H5动画被刷屏时,一些基础会计发现,财务机器人以绝对优势,尤其是7×24h不间断工作以及无差错运行的优势,正在夺取普通会计的饭碗。

朋友圈被德勤的财务机器人刷屏还不到半个月,四大会计师事务所之一的普华永道推出"机器人流程自动化解决方案"。普华永道调查显示,62%的财务高管"同意"或者"非常认同"流程自动化的进步,将会对其在未来12~24个月的业务带来影响。相较于德勤机器人,普华永道的机器人除财务外,还涉及人力资源、供应链和信息技术。

德勤和普华永道出马了,四大会计师事务所之一的安永也在6月初推出"安永智能机器人",安永称:"机器人流程自动化(RPA)是向业务流程捆绑和外包变革迈进的又一步。在过去几十年中,我们已经看到各种技术进步对业务产生了巨大影响,而业务流程自动化将成为下一步,它的应用将极大减少人为从事基于某些标准、大批量活动的需求。"RPA的实现分为流程分析及机器人匹配、供应商选择及签约、实施支持等内容。

7月底,四大会计师事务所之一的毕马威——最后一家明确提供企业机器人流程自动化服务的企业——出具了一份报告声明:未来三年,科技公司在人工智能、认知技术和机器人自动化行业的管理层候选人上有了新的需求变化。8月,毕马威已经传出与商业银行合作,运用流程自动化RPA/财务机器人工具,减少手工作业环节,提高数据的准确性。

目前还停留在会计核算、制表、数据统计、汇总、制单、报销、跑腿、整理工作的会计人员,是最早一批被财务机器人取代的,如果是处于这个岗位的会计人员,就要有危机感,尤其是刚毕业的年轻人,在这时首先就要提高自己的专业能力,未来财务的工作内容将以资本运作、投资、规避风险、预算成本等为主,而这些知识是通过学习和经验积累而成。

当然,虽然财务机器人陆续出现,但是财会工作者仍然有足够的时间去学习,毕竟财务机器人开发成本高,仍需承受较长的时间沉淀才能推向市场,如技术,财务机器人需要有具备这方面技能的技术财会人员去维护(一些大公司已经有这类储备人才),在数据不合理的情况下可以及时发现。此外就是系统风险,这种风险很有可能导致公司的巨大损失或者机密泄露。

资料来源:美都教育."四大"财务机器人高调现身 这是要把会计逼上绝路[EB/OL].(2017-09-08)[2022-05-28]. https://www.sohu.com/a/190596056_315560.

二、会计目标

管理会计的目标是满足企业内部管理者的决策需要。财务会计的目标是为股东、债权人、政府的宏观经济管理部门等服务,满足他们决策时需要的财务信息。基础会计严谨的表述应该是"财务会计基础",主要研究财务会计范畴。财务会计的目标是向财务报告使用者提供与企业财务状况、经营成果和现金流量等有关的财务信息,反映企业管理层受托责任履行情况,以便其做出经济决策。

基于此,财务会计需要编制利润表以反映企业的经营情况,编制资产负债表以反映企业的资产情况,编制现金流量表反映资金的来源和去向。

为了编制这三大报表,财务会计就需要记录企业资产、负债、所有者权益、收入、费用、利润的变化。这六个方面是构成会计报表的内容,也是企业会计的六要素。

单元一　会计要素及会计等式

布置任务

分析北京昊天机械制造有限责任公司 2020 年 12 月发生的【业务 1-1】～【业务 1-6】中分别涉及了哪些会计科目,以及对所涉及账户结构的影响。

案例导入

小文是一所职业院校的优秀毕业生,毕业之后回家乡创业,在家乡的小镇上开了一家甜品店,取名"小文甜品"。妈妈阿花懂一些财务知识,经常帮助小文处理财务上的一些难题。

认识了小文和阿花后,接下来我们就看看会计要素究竟是什么。

小文回家乡创业,需要资本,那么小文手里都有什么呢?我们把小文所拥有的资源在一个双开门的大衣柜里形象地摆放一下,如图 1-1 所示,用它来模拟资产负债表。

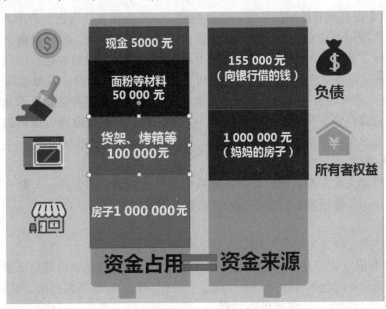

图 1-1　小文现有资源

甜品店成立之初,从银行借入 155 000 元,另外,妈妈有一套闲置的门市房给小文做甜品店店面,这套房子价值 1 000 000 元。甜品店成立后,小文购置了货架、烤箱、面粉、鸡蛋等物品,还有剩余资金 5000 元。资金的来源有两种途径:一是银行借款;二是妈妈投入的房子。同时衣柜两边的金额是相等的,即资金的占用等于资金的来源。

资产=负债+所有者权益,是会计的第一恒等式,同时,也是我们编制资产负债表的依据。接下来,我们就一起学习一下企业会计的六要素。

理论学习

一、会计要素

（一）资产

1. 资产的含义及特征

资产是指企业过去的交易或者事项形成的、由企业拥有或者控制的、预期会给企业带来经济利益的资源。

根据上述定义说明，作为一项资产，必须具备下列基本特征。

（1）资产是企业过去的交易或者事项形成的。也就是说，作为企业资产，必须是现实的资产，而不是预期的资产，它是企业过去已经发生的交易或者事项所产生的结果，包括购置、生产、建造等行为或其他交易。预期在未来发生的交易或事项不形成资产。

◉ 提示：

经济交易是指单位与其他单位和个人之间发生的各种经济利益的交换，如销售和购买产品、提供和接受劳务等。经济事项是指单位内部发生的具有经济影响的各类事件，如支付职工工资、报销差旅费、计提固定资产折旧等。

（2）资产是企业拥有或者控制的资源。也就是说，一项资源要作为企业资产，企业必须享有此项资源的所有权，该资源可以由企业自行使用或处置，如货币、建筑物、机器设备、材料等。在某些条件下，对一些由特殊方式形成的资源，企业虽然不享有所有权，但能够被企业所控制，也可作为企业资产，如融资租入固定资产、专利权等，这些有利于企业生产经营活动的资源也属于资产。

（3）预期给企业带来经济利益。这是资产最重要的特征。所谓预期给企业带来经济利益，是指能直接或间接导致现金或现金等价物流入企业的潜力，如出售产品直接取得经济利益和对外投资获得股利等。如果预期不能给企业带来经济利益的资源，就不能确认其为企业的资产。

2. 资产的确认条件

凡符合上述资产定义的资源，同时还需满足两个条件才能确认为资产：一是与该资源有关的经济利益很可能流入企业；二是该资源的成本或者价值能够可靠地计量。

3. 资产的分类

按其流动性，资产可分为流动资产和非流动资产两大类。

（1）流动资产与固定资产是相对的，是指预计在一个正常营业周期内或一个会计年度内变现、出售或耗用的资产、现金及现金等价物，如库存现金、银行存款、应收及预付款、其他应收款、存货等。

（2）非流动资产是指除流动资产以外的资产。它主要包括长期股权投资、可供出售金融资产、持有至到期投资、固定资产、无形资产等。

（二）负债

1. 负债的含义及特征

负债是指企业过去的交易或事项形成的、预期会导致经济利益流出企业的现时义务。现时义务是指企业在现行条件下应承担的义务，即导致负债的交易或事项已经发生的义务，如购货的应付账款、借入的款项等。负债具有以下三个方面的特征。

（1）负债是由企业过去的交易或事项形成的。只有过去的交易或事项才能形成负债，企业将在未来发生的承诺、签订的合同等交易或事项不形成负债。

（2）负债是企业承担的现时义务。只有因过去的交易或者事项已经产生的负债，才能予以确认偿还的义务，而正在筹划的未来发生的交易或者事项形成的义务，不属于现时义务，不应当确认为负债。

（3）负债预期会导致经济利益流出企业。企业在履行现时义务清偿各项负债时，会导致经济利益流出企业，而经济利益流出企业形式多种多样。例如，用现金偿还或以实物资产形式偿还；以提供劳务形式偿还；用部分转移资产、部分提供劳务的形式偿还；等等。

2．负债的确认条件

符合上述负债定义的义务，同时还需满足下列两个条件才能确认为负债：一是与该义务有关的经济利益很可能流出企业，一般来说，企业履行偿还义务时会有经济利益的流出，如支付现金、提供劳务、转让其他财产等；二是未来流出的经济利益的金额能够可靠地计量。

3．负债的分类

按其偿还期长短，负债可分为流动负债和非流动负债两类。

（1）流动负债。流动负债是指预计在一个正常营业周期中偿还，或者主要为交易目的而持有，或者自资产负债表日起一年内（含一年）到期应予以清偿，或者企业无权自主地将清偿推迟至资产负债表日以后一年以上的负债。它主要包括短期借款、应付及预收款项、应交税费、应付职工薪酬、应付股利、应付利息等。

（2）非流动负债。非流动负债是指流动负债以外的负债，主要包括长期借款、应付债券和长期应付款等。

（三）所有者权益

1．所有者权益的含义及特征

所有者权益是指企业全部资产扣除所有负债后由所有者享有的剩余权益。公司的所有者权益又称为股东权益。所有者权益金额取决于资产和负债的计量。所有者权益具有以下特征。

（1）除非发生减资、清算或分派现金股利，企业不需要偿还所有者权益。所有者权益作为剩余权益，并不存在确切的、约定的偿付期限，所有者权益在企业经营期内可供企业长期、持续地使用，企业不必向投资人返还资本金。这一点不同于负债，负债须按期返还给债权人。

（2）企业清算时，只有在清偿所有的负债后，所有者权益才返还给所有者。企业法人在清偿还债前，应当从清算财产中优先拨付清算费用。清算费用是对清算财产保管、清理、处理和估价时所需要的费用。企业法人在优先拨付清算费用后，按照下列顺序清偿债务：清算企业所欠职工工资和劳动保险费用、清算企业所欠税款、清算债权。上述债务清偿完毕后，再对优先股股东清算，如果资产依然有剩余，再对普通股股东清算。

（3）所有者凭借所有者权益能够参与企业利润的分配。企业所有人凭其对企业投入的资本，享有税后分配利润的权利。所有者权益是企业分配税后净利润的主要依据，而债权人除按规定取得利息外，无权分配企业的盈利。

2．所有者权益的确认条件

所有者权益的确认、计量不能单独进行，主要取决于资产、负债、收入、费用等其他会计要素的确认和计量。

3. 所有者权益的分类

所有者权益的来源包括所有者投入的资本（或股本）、直接计入所有者权益的利得和损失及留存收益。按其构成内容不同，具体表现为实收资本（或股份制企业的"股本"）、资本公积（含资本溢价或股本溢价、其他资本公积）、盈余公积和未分配利润。其中，盈余公积和未分配利润统称为留存收益。

◉ 提示：

企业发生清算时，资产变现后，先要偿还负债，如果还有剩余，才能用于支付给投资者。所有者权益实际上是投资者（即所有者）对企业净资产的所有权。所以"资产-负债=所有者权益"，负债移项后，必须排在所有者权益之前，即"资产=负债+所有者权益"。减法式子也绝对不可以写成"资产-所有者权益=负债"。

（四）收入

1. 收入的含义及特征

收入是指企业在日常活动中形成的、会导致所有者权益增加的、与所有者投入资本无关的经济利益的总流入。

收入具有以下特征。

（1）收入是企业在日常活动中形成的。日常活动应理解为企业为完成其生产经营目标而从事的所有活动，以及与之相关的其他活动，如工业企业销售产品，流通企业销售商品，服务企业提供劳务、出租等日常活动。

（2）收入会导致所有者权益的增加。与收入相关的经济利益的流入应当会导致所有者权益的增加，不会导致所有者权益增加的经济利益的流入不符合收入的定义，不应确认为收入。

（3）收入是与所有者投入资本无关的经济利益的总流入。收入应当会导致经济利益的流入，从而导致资产的增加或负债的减少。

2. 收入的确认条件

企业与客户之间的合同同时满足下列五项条件的，企业应当在履行了合同中的履约义务，即在客户取得相关商品控制权时确认收入。

（1）合同各方已批准该合同并承诺将履行各自义务。

（2）该合同明确了合同各方与所转让商品相关的权利和义务。

（3）该合同有明确的与所转让商品相关的支付条款。

（4）该合同具有商业实质。

（5）企业因向客户转让商品而有权取得的对价很可能收回。

◉ 提示：

收入不包括为第三方或者客户代收的款项，如企业销售产品收到的增值税销项税额，就属于暂时代替政府收取而不能计入企业的收入，应该计入"应交税费"这一负债。

3. 收入的分类

（1）收入按企业经营业务的主次可分为主营业务收入和其他业务收入。主营业务收入是由企业的主营业务所带来的收入，如工业企业销售商品、提供劳务等主营业务所实现的收入；其他业务收入是指除主营业务活动以外的其他经营活动实现的收入，如工业企业出租固定资产、出租无形资产、出租包装物和商品、销售材料等实现的收入。

（2）按性质不同，收入可分为销售商品收入、提供劳务收入、让渡资产使用权收入等。

（五）费用

1. 费用的含义及特征

费用是指企业在日常活动中发生的、会导致所有者权益减少的、与向所有者分配利润无关的经济利益的总流出。费用具有以下特征。

（1）费用是企业在日常活动中所发生的。

⊙ 提示：

企业中非日常活动中形成的经济利益流出不能划分为费用，而应当确认为损失。例如，进行广告宣传的广告费可以确认为费用，而处置固定资产的净损失具有偶发性，不能确认为费用，只能确认为营业外支出。

（2）费用会导致所有者权益的减少。可将费用理解为资产的耗费，其目的是取得收入，从而获得更多的资产。

（3）费用是与所有者权益分配利润无关的经济利益的总流出。企业向投资者分配利润，会导致经济利益的流出，而这属于投资者投资回报的分配，是所有者权益的直接抵减项目，不应是费用。

2. 费用的确认条件

（1）与费用相关的经济利益很可能流出企业。

（2）经济利益流出企业会导致资产减少或负债增加。

（3）经济利益的流出额能够可靠地计量。

3. 费用的分类

按照与收入配比的关系不同，费用分为生产费用和期间费用。

生产费用是企业为生产产品、提供劳务等发生的费用，应计入产品成本或劳务成本，包括直接材料、直接人工和制造费用。

期间费用是企业本期发生的不应计入成本而直接计入当期损益的各项费用，包括管理费用、财务费用和销售费用。会计期末，应在利润表中分项列示期间费用。

⊙ 提示：

按归属对象，费用可分为直接费用、间接费用和期间费用。直接费用是指直接归属对象的成本，如直接人工和直接材料。间接费用是按一定的分配标准计入成本，如制造费用。

（六）利润

1. 利润的含义及特征

利润是指企业在一定会计期间的经营成果。企业生产经营的最终目的就是尽可能地降低成本与费用，努力提高企业盈利水平。对利润进行核算，可以及时反映企业在一定会计期间的经营业绩和获利能力，反映企业的投入产出效率和经济效益，有助于企业投资者和债权人据此评价企业经营绩效，做出正确的决策。

2. 利润的确认条件

利润包括收入减去费用后的净额、直接计入当期利润的利得和损失等，如图1-2所示。

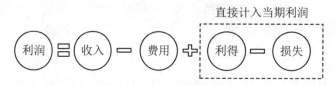

图1-2 利润的构成

◉ 提示：

利得——由企业非日常活动所形成的、会导致所有者权益增加的、与所有者投入资本无关的经济利益的流入。

损失——由企业非日常活动所发生的、会导致所有者权益减少的、与向所有者分配利润无关的经济利益的流出。

3．利润的分类

收入减去费用后的净额反映企业日常活动的经营业绩，属于营业利润；直接计入当期损益的利得和损失反映企业非日常活动的业绩。营业利润加上营业外收入，减去营业外支出后的金额，就构成利润总额。利润总额减去所得税费用后的余额称为净利润。

二、会计等式

（一）静态会计等式

资金运动在静态情况下，其资产、负债和所有者权益三要素存在平衡关系。资产各项目反映了资金的使用情况，负债和所有者权益各项目反映了资金的来源情况，其平衡公式推导为

$$资产 = 权益$$
$$资产 = 债权人权益 + 投资人权益$$
$$资产 = 负债 + 所有者权益$$

这一等式反映了资产、负债和所有者权益三个会计要素之间的联系和基本数量关系。这种数量关系表明了企业在一定时点上的财务状况，因此，上述等式称为静态会计等式，亦称基本会计等式、会计恒等式和财务状况等式。

◉ 提示：

静态会计等式是复式记账法的理论基础，是余额试算平衡的理论依据，也是编制资产负债表的依据。

（二）动态会计等式

企业在生产经营过程中，除发生引起资产、负债和所有者权益要素增减变化的经济业务外，还会取得收入，并为取得收入而发生相应的费用。收入和费用相配比，其差额即为企业的经营成果。收入大于费用的差额为企业的利润，反之为亏损。收入、费用和利润三者之间的关系，用计算公式表示为

$$收入 - 费用 = 利润 \tag{1.1}$$

当收入大于费用时，就会形成企业的利润，反之就会形成亏损。

上述等式是从某个会计期间考察企业的最终经营成果而形成的恒等关系。它表明某一期间的利润是已实现的收入减去费用的差额，因此，称为动态会计等式，亦称为经营成果等式。

> 提示：
> 动态会计等式是企业编制利润表的基础。

（三）静态等式和动态等式的联系（扩展式）

上述两个平衡公式之间存在有机的联系。在会计期间的任一时刻，两个计算公式可以合并为

$$资产 = 负债 + 所有者权益 + （收入 - 费用）$$

或者

$$资产 = 负债 + 所有者权益 + 利润$$

企业在结算时，利润经过分配，上述平衡公式又表现为

$$资产 = 负债 + 所有者权益 \qquad (1.2)$$

由于收入、费用和利润是构成利润表的三个会计要素，将会计基本等式与其扩展形式联系起来，有利于揭示资产负债表要素和利润表要素内部及其相互之间的内在联系和数量上的依存关系。

三、经济业务对会计等式的影响

企业在生产经营过程中发生的经济活动在会计上称为经济业务，又称为会计事项。随着各项经济业务的不断发生，必然引起有关会计要素发生增减变动。但是，无论企业的经济业务引起各项会计要素发生怎样的数量变动，都不会破坏会计等式的数量平衡关系，资产总额总是会等于权益总额。

（一）对"资产=权益"等式的影响

根据经济业务的发生引起"资产=权益"等式两边会计要素变动的方式，可以总结归纳为以下四种类型。

（1）会计等式两边项目同时等额增加。
（2）会计等式两边项目同时等额减少。
（3）会计等式左边（资产）有关项目等额一增一减。
（4）会计等式右边（负债及所有者权益）有关项目等额一增一减。

（二）对"资产=负债+所有者权益"等式的影响

根据企业经济业务对财务状况等式的影响不同，可以分为以下九种基本情况。

（1）一项资产增加、一项负债等额增加的经济业务。
（2）一项资产增加、一项所有者权益等额增加的经济业务。
（3）一项资产减少、一项负债等额减少的经济业务。
（4）一项资产减少、一项所有者权益等额减少的经济业务。
（5）一项资产增加、另一项资产等额减少的经济业务。
（6）一项负债增加、另一项负债等额减少的经济业务。
（7）一项所有者权益增加、另一项所有者权益等额减少的经济业务。
（8）一项负债增加、一项所有者权益等额减少的经济业务。
（9）一项所有者权益增加、一项负债等额减少的经济业务。

对上述内容进行归纳总结，具体如图 1-3 所示。

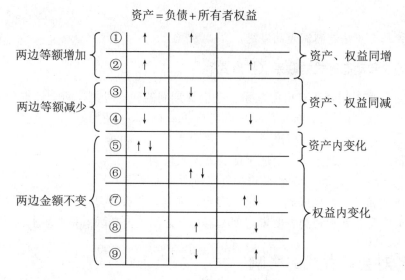

图1-3 企业经济类型对会计等式的影响

案例分析及业务操作

结合本模块案例背景,分析以下问题:案例背景所涉及的业务,可以确认哪些会计要素?公司发生了以下经济业务后,会影响会计等式的平衡关系吗?

北京昊天机械制造有限责任公司成立时,拥有资产1 259 000元,资金来源中负债及所有者权益分别为324 000元和935 000元,2020年12月初,资产、负债和所有者权益之间的关系是

$$资产=负债+所有者权益$$
$$1\ 259\ 000=324\ 000+935\ 000$$

【业务1-1】该业务的分析过程:

该业务是投资者投入资本的业务,涉及资产和所有者权益要素的变化。

投资者投入资本,使资产增加13 800 000元,所有者要享有对等的权益,所以所有者权益也同时增加13 800 000元,使等式两边同时发生增加,且增加金额相等,会计等式的恒等关系不变。即

$$资产=负债+所有者权益$$
$$1\ 259\ 000+13\ 800\ 000=324\ 000+(935\ 000+13\ 800\ 000)$$
$$15\ 059\ 000=324\ 000+14\ 735\ 000$$

【业务1-2】该业务的分析过程:

该业务是采购业务,涉及资产要素内部的变化。

用银行存款购买材料,使银行存款这一资产减少300 000元,使原材料这一资产增加300 000元,该项业务使得会计等式左边资产要素增加和减少相等的金额,会计等式仍然保持平衡。

$$资产=负债+所有者权益$$
$$15\ 059\ 000+300\ 000-300\ 000=324\ 000+14\ 735\ 000$$
$$15\ 059\ 000=324\ 000+14\ 735\ 000$$

【业务1-3】该业务的分析过程:

该业务是采购业务,涉及资产和负债要素的变化。

购买材料，使原材料这一资产增加 60 000 元，款项未付，使应付账款这一负债增加 60 000 元。因此，等式两边同时增加，且增加金额相等，会计等式的恒等关系不变。即

资产=负债+所有者权益

15 059 000+60 000=(324 000+60 000)+14 735 000

15 119 000=384 000+14 735 000

【业务 1-4】该业务的分析过程：

该业务是支付办公费的业务，涉及资产和费用要素的变化。

该项业务的发生，一方面使资产减少了 800 元，另一方面，使费用要素增加了 800 元，该项业务使得扩展会计等式资产和费用要素一增一减，且增减金额相等，会计等式仍然保持平衡。

资产+费用=负债+所有者权益+收入

15 119 000−800+800 = 384 000+14 735 000

15 118 200+800=384 000+14 735 000

【业务 1-5】该业务的分析过程：

该业务是销售业务，涉及资产、收入要素的变化。

该项经济业务，一方面使资产增加 200 000 元，另一方面使收入增加 200 000 元，该项业务使得会计等式两边同时增加 200 000 元，会计等式仍然保持平衡。

资产+费用=负债+所有者权益+收入

15 118 200+200 000+800=384 000+14 735 000+200 000

15 318 200+800=384 000+14 735 000+200 000

单元二　会计科目与账户

布置任务

根据北京昊天机械制造有限责任公司的业务特征，帮助其设计完整的会计科目体系。

理论学习

通过前面的学习，我们已经知道了单位发生的业务必然引起各个会计要素发生增减变化，即使只涉及同一会计要素，其具体内容也往往不同。为了全面、系统、详细地对各项会计要素的具体内容及其增减变化情况进行核算和监督，为经济管理提供更加具体的分类的数量指标，需要对会计要素按其经济内容进一步分类，这就有必要设置会计科目。

一、会计科目

（一）会计科目的含义

会计科目是指按照一定的特点和管理要求对会计要素的具体内容进行分类核算的项目或名称。例

如，企业的机器设备、交通运输工具和房屋具有使用时间长、单位价值较高、实物形态相对不变的特点，因而将其归为一类，设置"固定资产"会计科目；企业生产车间内发生的物料消耗、办公费、管理人员工资等具有间接费用的特点，因而将其归为一类，设置"制造费用"会计科目；企业为了满足经营过程中零星支付需要，而在保险柜中保留的纸币和硬币（人民币或其他币种），因流动性强、管理严格的特点，因而将其归为一类，设置"库存现金"会计科目。

（二）会计科目的分类

1. 按所反映的经济内容分类

按所反映的经济内容划分，会计科目可以分为六大类：资产类科目、负债类科目、共同类科目、所有者权益类科目、成本类科目和损益类科目。

（1）资产类科目。资产类科目是用以反映资产要素具体内容的会计科目。反映流动资产的科目有"库存现金""银行存款""原材料""库存商品""应收账款""交易性金融资产"等；反映非流动资产的科目有"固定资产""无形资产""长期股权投资"等。

（2）负债类科目。负债类科目是用以反映负债要素具体内容的会计科目。反映流动负债的科目有"短期借款""应付账款""应交税费""应付职工薪酬""预收账款"等；反映非流动负债的科目有"应付债券""长期借款""长期应付款"等。

（3）共同类科目。共同类科目是既反映资产要素具体内容，又反映负债要素具体内容的会计科目。共同类科目多适用于金融、保险、投资、基金等公司，包括"清算资金往来""货币兑换""衍生工具""套期工具""被套期项目"。

（4）所有者权益类科目。所有者权益类科目是用以反映所有者权益要素具体内容的会计科目。反映资本的科目有"实收资本"和"资本公积"；反映留存收益的科目有"盈余公积""本年利润""利润分配"。

◉ 提示：

由于企业实现的利润或发生的亏损最终都由所有者来承担，所以将"本年利润"归并到所有者权益科目。

（5）成本类科目。成本类科目是用以反映企业在生产经营过程中所发生的可用货币表现的各项损耗的会计科目。反映直接成本的科目有"生产成本""研发支出"等；反映间接成本的科目有"制造费用"等。

（6）损益类科目。损益类科目是用以反映企业在一定时期内取得的各项收入和发生的各项费用的科目。反映收入的科目有"主营业务收入""其他业务收入"等；反映费用的科目有"主营业务成本""其他业务成本""管理费用""财务费用"等。

◉ 提示：

有"费用"的不一定是损益类科目，如"制造费用"；有"成本"的不一定是成本类科目，如"主营业务成本"等。

2. 按所提供信息的详细程度分类

按所提供信息的详细程度划分，会计科目可以分为总分类科目和明细分类科目。

（1）总分类科目。总分类科目也叫作总账科目或一级科目，是对会计要素具体内容进行总括分类、提供总括信息的会计科目,是进行总分类核算的依据。总分类科目原则上由财政部统一制定,以会计核算制度的形式颁布实施。企业会计科目表中所列示的会计科目均为总分类科目。

(2)明细分类科目。明细分类科目也称作明细科目,是对会计要素的具体内容(总分类科目)作进一步详细分类核算的科目。企业可以在总分类科目下,根据本单位的实际情况和管理工作的需要自行设置明细科目。

为了适应管理需要,当总分类科目下设置的明细科目太多时,可在总分类科目下分设多级明细科目。明细科目一般分为两级,即二级明细(子目)和三级明细(细目)。总分类科目、二级科目和三级科目共同对某类会计要素的有关内容进行详细程度不同的分类核算,它们之间的关系是前者统驭后者,后者从属于前者。例如,北京昊天机械制造有限责任公司对原材料科目的设置如表1-2所示。

表1-2 原材料科目设置表

总分类科目(一级科目)	二 级 科 目	三 级 科 目
原材料	原料及主要材料	角钢

二、会计账户

(一)账户的含义

会计账户是根据会计科目开设的,具有一定的格式和结构,用来连续记录会计内容增减变动情况及其结果的载体。账户不仅应有明确的核算内容,而且还应有一定的格式,即结构。账户所记载的各项经济业务所引起的会计要素数量上的变动,只有增加和减少两种情况,如图1-4所示。

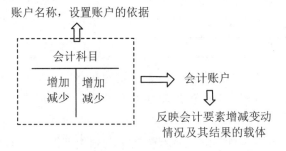

图1-4 会计账户

◉ 提示:

会计科目是对会计内容具体分类的项目名称,不能起到具体记载会计信息的作用。所以,为了全面、系统、分类地核算和监督各项经济业务事项所引起的会计内容的变动情况及其结果,就必须开设一系列账户。

(二)账户的功能与结构

1. 账户的功能

账户的功能在于连续、系统、完整地提供企业经济活动中各会计要素增减变动及其结果的具体信息。

2. 账户的结构

账户的结构是指账户的组成部分及其相互关系,通常由以下内容组成。

(1) 账户名称：即会计科目。
(2) 日期：即所依据记账凭证中注明的日期。
(3) 凭证字号：即所依据记账凭证的编号。
(4) 摘要：即经济业务的简要说明。
(5) 金额：即增加额、减少额和余额。

◉ **提示：**

账户哪一方登记增加，哪一方登记减少，要取决于所采用的记账方法和该账户记录的经济内容。

为了便于理解，账户的基本结构可用"T"型结构表示，如图1-5所示。

图1-5 "T"型账户基本结构

以实务中的总分类账使用的账页为例，均包括了上述五项内容，具体如表1-3所示。

表1-3 总分类账账页

年		凭证		摘 要	借方	贷方	借或贷	余额
月	日	种类	号数					

从账户名称、记录金额的左、右两方来看，账户结构在整体上类似于汉字"丁"和大写的英文字母"T"，因此，账户的基本结构在实务中被形象地称为"丁"字账户或者"T"型账户。

3．账户金额要素

每个会计账户所提供的金额要素一般可分为期初余额、本期增加发生额、本期减少发生额和期末余额。其中，登记本期增加的金额，称为本期增加发生额；登记本期减少的金额，称为本期减少发生额；增减相抵后的差额，称为余额。本期的期末余额转入下一期，即为下一期的期初余额。四项金额之间的关系可以用计算公式表示为

$$期末余额 = 期初余额 + 本期增加发生额 - 本期减少发生额 \tag{1.3}$$

案例分析及业务操作

结合本模块案例背景，分析以下业务所涉及的会计科目名称。

【业务1-1】该业务的分析过程：

该业务是投资者用设备进行投资，设备属于"固定资产"会计科目，对于北京昊天机械制造有限责任公司来说，公司多了一台生产设备，所以"固定资产"是增加的；同时，这台设备是北京光明矿业有限公司投资的，投资者享有的权益是"实收资本"会计科目，投资者享受的权益也是增加的。

【业务 1-2】该业务的分析过程：

该采购业务涉及"原材料"和"银行存款"两个会计科目。对于北京昊天机械制造有限责任公司来说，"原材料"增加了，"银行存款"减少了。

【业务 1-3】该业务的分析过程：

该采购业务涉及"原材料"和"应付账款"两个会计科目。对于北京昊天机械制造有限责任公司来说，"原材料"增加了，但是款项并没有支付，所以欠北京新兴金属有限公司的钱会增加，即"应付账款"会增加。

【业务 1-4】该业务的分析过程：

该业务涉及"库存现金"和"管理费用"两个会计科目。办公用品金额相对较小，在记录时就不记入相关资产科目，而是记入费用科目——"管理费用"，所以"管理费用"增加，"库存现金"减少。

【业务 1-5】该业务的分析过程：

该业务涉及"应收账款"和"主营业务收入"两个会计科目。对于北京昊天机械制造有限责任公司来说，销售商品，款项未收，所以"应收账款"增加，"主营业务收入"增加。

【业务 1-6】该业务的分析过程：

该业务涉及"库存现金"和"银行存款"两个会计科目。对于北京昊天机械制造有限责任公司来说，公司出纳的保险柜中的钱增加，所以"库存现金"增加；同时，公司银行里的钱减少，所以"银行存款"减少。

固基强技

单元三　借贷记账法

布置任务

分析北京昊天机械制造有限责任公司 2020 年 12 月发生的【业务 1-1】～【业务 1-6】，用借贷记账法做出会计分录，并登记相关账户。

理论学习

一、借贷记账法的含义

借贷记账法是复式记账法的一种，通常又称为借贷复式记账法。它是以"资产=负债+所有者权益"为理论依据，以"借"和"贷"为记账符号，以"有借必有贷，借贷必相等"为记账规则，对每项经济业务都以相等的金额在两个或两个以上有关账户进行记录的一种复式记账法。

"借""贷"两字最初是有含义的。在 13 世纪前后的意大利，借贷资本盛行，银行资本家把从债权人那里吸收的款项称为"贷"，表示"欠人"；把向债务人放出的款项称为"借"，表示"人欠"。这样，从借贷资本家的角度来看，"借""贷"就表示借贷资本家债权、债务的增减变动。随着商品经济的进一步发展，经济业务不再仅局限于货币资金的借贷业务，还要记录各项财产物资和经营损益的增减变动。为了保证记账的一致性，对涉及非货币资金的业务，也用"借""贷"来说明其增减变动，这样,"借""贷"两字逐渐失去其本来含义,变成纯粹的记账符号,成为会计上的专业术语,用来标明记账的方向,分别代表账户的左方和右方。

二、借贷记账法下账户的结构

(一)借贷记账法下账户的基本结构

借贷记账法下,账户的左方称为借方,右方称为贷方,如图1-6所示。

图1-6 借贷记账法下"T"型账户的基本结构

所有账户的借方和贷方按相反方向记录增加数和减少数,即一方登记增加额,另一方就登记减少额。"借""贷"都具有增加和减少的双重含义,至于"借"表示增加,还是"贷"表示增加,则取决于账户的性质与所记录经济内容的性质。

通常而言,资产、成本和费用类账户的增加用"借"表示,减少用"贷"表示;负债、所有者权益和收入类账户的增加用"贷"表示,减少用"借"表示。备抵账户的结构与所调整账户的结构正好相反。例如,在资产类账户中,"累计折旧"账户作为"固定资产"账户的备抵账户,其借方登记减少额,贷方登记增加额,与"固定资产"账户的结构正好相反。

(二)借贷记账法下账户的具体结构

1. 资产类和成本类账户的结构

在借贷记账法下,资产类和成本类账户的结构是相似的,其借方登记增加额,贷方登记减少额。增加额和减少额是在一定的会计期间内发生的,所以,增加额合计和减少额合计也称为本期发生额。资产类和成本类账户期末一般都有余额,余额的方向与记录增加的方向一致,所以,期末余额一般在借方,有些账户可能无余额。资产类和成本类账户的结构如图1-7所示。

借方	资产类、成本类账户名称	贷方	
期初余额	×××		
本期增加发生额	×××	本期减少发生额	×××
期末余额	×××		

图1-7 资产类和成本类账户的结构

资产类和成本类账户余额的计算公式为

$$期末借方余额=期初借方余额+本期借方发生额-本期贷方发生额 \tag{1.4}$$

> **提示:**
> 资产类、成本类账户:借增,贷减,余额一般在借方或无余额。

2. 负债和所有者权益类账户的结构

会计恒等式"资产=负债+所有者权益",因为负债和所有者权益要素同在会计等式的右侧,所以负债和所有者权益两类账户的结构相同。另外,因其在等式中与资产类要素不在同侧,所以记账方向与资产类账户正好相反。负债和所有者权益账户均为借方记减少,贷方记增加。期末一般都有余额,余额的方向与记录增加的方向一致,即贷方。其结构如图1-8所示。

借方	负债类、所有者权益类账户名称	贷方
		期初余额 ×××
本期减少发生额 ×××		本期增加发生额 ×××
		期末余额 ×××

图1-8 负债类和所有者权益类账户的结构

负债类或所有者权益类账户期末贷方余额的计算公式为

$$期末贷方余额=期初贷方余额+本期贷方发生额-本期借方发生额 \quad (1.5)$$

> **提示:**
> 负债类、所有者权益类账户:借减,贷增,余额一般在贷方或无余额。

3. 损益类账户的结构

损益类账户又划分为收入类账户和费用类账户。损益类账户是反映会计主体在某一会计期间取得的收入和发生的费用支出的情况。一定的会计期间(通常为月)结束后,通常所有本期收入和费用类账户都要从增加相反的方向转出,转入"本年利润"账户,计算本期利润,因此,损益类账户结转后通常无余额。

(1) 收入类账户的结构。收入产生通常会使所有者权益增加,所以在借贷记账法下,收入类账户的增减记录方向通常与所有者权益类账户类似,借方登记减少额,贷方登记增加额。本期收入净额在期末转入"本年利润"账户,用以计算当期损益,结转后无余额。其结构如图1-9所示。

借方	收入类账户名称	贷方
本期减少额 ×××		本期增加额 ×××
本期发生额 ×××		本期发生额 ×××

图1-9 收入类账户的结构

(2) 费用类账户的结构。费用的产生通常会使所有者权益减少,所以费用类账户的增减记录方向通常与所有者权益类账户的增减记录方向相反，与资产类账户的增减记录方向相同，借方登记增加额，贷方登记减少额。本期费用净额在期末转入"本年利润"账户，用以计算当期损益，结转后无余额。其结构如图1-10所示。

借方	费用类账户名称		贷方
本期增加额	×××	本期减少额	×××
本期发生额	×××	本期发生额	×××

图1-10　费用类账户的结构

◉ **提示：**

收入类账户借减，贷增；费用类账户借增，贷减。两者期末均无余额。

综上所述，借贷记账法下各类账户的结构可以借助"T"型账户做以下总结，如图1-11所示。

借方	账户名称（会计科目）		贷方
资产的增加	×××	资产的减少	×××
费用（成本）的增加	×××	费用（成本）的减少	×××
负债的减少	×××	负债的增加	×××
所有者权益的减少	×××	所有者权益的增加	×××
收入的减少	×××	收入的增加	×××
资产的期末余额	×××	负债的期末余额	×××
		所有者权益的期末余额	×××

图1-11　借贷记账法下各账户的结构

◉ **提示：**

借贷记账法下各账户的结构可以通过以下联想记忆方法进行记忆。

扩展的会计恒等式为：资产+费用=负债+所有者权益+收入。做如下总结：① 凡是在扩展等式左侧的会计要素，增加记入账户的借方，减少记入账户的贷方；② 凡是在扩展等式右侧的会计要素，正好与左侧的要素相反，增加记入账户的贷方，减少记入账户的借方。

简单来说，就是：等号左要素，左加；等号右要素，右加，增加相反的方向记减少。

三、借贷记账法的记账规则

记账规则是指采用某种记账方法登记具体经济业务时应当遵循的规律。借贷记账法的记账规则是

"有借必有贷，借贷必相等"。

按照这一记账规则，任何经济业务的发生都必须同时登记在两个或两个以上相互联系的账户，即记入一个账户或几个账户的借方，同时必须记入另一个账户或几个账户的贷方。记入借方的金额与记入贷方的金额必须相等。

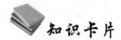

借贷记账法的起源与发展

借贷记账法最早起源于意大利。1494年，意大利数学家卢卡·帕乔利出版了《算术、几何、比及比例概要》一书，从理论上对借贷记账法进行了总结和阐述，卢卡·帕乔利因此被称为"近代会计之父"。

"借""贷"的含义最初是从借贷资本家的角度来解释的，借贷资本家对吸收的存款称为"贷"，表示"欠人"；对放出的贷款称为"借"，表示"人欠"，用"借"和"贷"来表示债权和债务的变化。随着商品货币经济的发展，经济活动的内容越来越复杂，记账对象也日益扩大到财产物资和经营损益等各个方面的内容。这样"借""贷"二字就逐渐失去了最初的含义，演变成为专门的记账符号。到15世纪，借贷记账法逐渐完善，首先在德国、法国两国传播，以后又传入俄国、英国、美国、日本等国，并得到不断的完善和发展。19世纪初，借贷记账法传入中国。

借贷记账法是以"借"和"贷"作为记账符号的一种复式记账方法。我国会计准则规定，企业、行政单位和事业单位核算采用借贷记账法记账。但是，什么时候"借"？什么时候"贷"？下面就从原理上细说一下借贷记账法的规则。

例如，甲公司用银行存款购进了5000元的原材料，会计人员用借贷记账法做账，会计分录如下：
借：原材料　　　　　　　　　　　　　　　　　　　　　　　　　　5000
　　贷：银行存款　　　　　　　　　　　　　　　　　　　　　　　　5000

没有经过会计相关专业训练的人可能不知道这是什么意思，为什么是借"原材料"，而不是贷"原材料"？为什么是贷"银行存款"，而不是借"银行存款"？

首先，要清楚"借"与"贷"本身不具备任何意义，它们只是一个记账符号。它也可以用任何符号来代替，只不过会计是个严谨的学科，如果每个人记账都用不同的记账符号，不便于沟通和交流，所以才统一地规定用借贷符号进行记账。

那么，借贷符号又是如何代表一个会计账户的增减情况的呢？实际上这取决于账户的性质和该账户所记录的经济内容的性质。

◉ 提示：

前面我们曾经学过会计等式（扩展式）：资产+成本+费用=负债+所有者权益+收入，因为账户的左方为借方，资产、成本、费用在等式的左侧，则资产类、成本类和费用类账户就在借方增加，贷方减少。同理，账户的右方为贷方，负债、所有者权益、收入在等式的右侧，则负债类、所有者权益类、收入类账户就在贷方增加，借方减少。

四、借贷记账法下的账户对应关系与会计分录

（一）账户的对应关系

账户的对应关系是指采用借贷记账法对每笔交易或事项进行记录时，相关账户之间形成的应借、应贷的相互关系。存在对应关系的账户称为对应账户。例如，提取现金的业务，需要在"库存现金"的借方和"银行存款"的贷方进行记录，这样"库存现金"账户和"银行存款"账户就发生了对应关系，这两个账户就成了对应账户。

（二）会计分录

1. 会计分录的含义

会计分录，简称分录，是对每项经济业务列示出应借、应贷的账户名称及其金额的一种记录。会计分录由应借应贷方向、相互对应的科目及其金额三个要素构成。在我国，会计分录记载于记账凭证中。会计分录的书写格式如下。

（1）上借下贷，即借方在上，先写，贷方在下，后写。

（2）左右错开，即贷方的文字和数字都要比借方的文字和数字后退两格书写。

（3）在一借多贷或一贷多借或多借多贷的情况下，借方或贷方的文字要对齐，金额也应对齐。

（4）金额后面不写计量单位。

（5）若有明细分类账户，应在总分类账户的右边加二字线后注明。

2. 会计分录的分类

按所涉及账户的多少，会计分录分为简单会计分录和复合会计分录。简单会计分录是指只涉及一个账户借方和另一个账户贷方的会计分录，即一借一贷的会计分录。复合会计分录是指由两个以上（不含两个）对应账户组成的会计分录，可表现为一借多贷、多借一贷或多借多贷的会计分录。

◉ 提示：

复合会计分录是由几个简单会计分录合并组成的，因而必要时可以将其分解为若干个简单会计分录。但是，不能将没有相互联系的几个简单分录合并成一笔多借多贷的会计分录。换言之，不同类型的经济业务不能简单地合并反映，发生不同类型的经济业务必须逐项加以反映和记录。

3. 会计分录的编制步骤

（1）分析经济业务所涉及的对应账户的账户名称。

（2）确定经济业务所涉及的对应账户金额是增加还是减少，并根据账户所属会计要素和借贷记账法的账户结构，确定对应账户的记账方向（是记借方，还是记贷方）。

（3）根据经济业务内容确定对应账户应登记的金额。编制会计分录是会计核算工作的第一步，务必认真做好。因为会计分录是登记账户的依据，如果分录编制错误，会导致账户登记的错误。在实际

工作中，对所发生经济业务的原始凭证进行账务处理，是通过填制记账凭证来完成的，而记账凭证的核心内容就是会计分录。能够编制会计分录，填制记账凭证问题就迎刃而解。因此，编制会计分录是学习会计的关键环节。

案例分析及业务操作

结合本模块案例背景，用借贷记账法对以下业务进行账务处理。

【业务 1-1】
借：固定资产　　　　　　　　　　　　　　　　　　13 800 000
　　贷：实收资本　　　　　　　　　　　　　　　　　　13 800 000

【业务 1-2】
借：原材料　　　　　　　　　　　　　　　　　　　　300 000
　　贷：银行存款　　　　　　　　　　　　　　　　　　　300 000

【业务 1-3】
借：原材料　　　　　　　　　　　　　　　　　　　　　60 000
　　贷：应付账款　　　　　　　　　　　　　　　　　　　60 000

【业务 1-4】
借：管理费用　　　　　　　　　　　　　　　　　　　　　800
　　贷：库存现金　　　　　　　　　　　　　　　　　　　　800

【业务 1-5】
借：应收账款　　　　　　　　　　　　　　　　　　　200 000
　　贷：主营业务收入　　　　　　　　　　　　　　　　200 000

【业务 1-6】
借：库存现金　　　　　　　　　　　　　　　　　　　　5000
　　贷：银行存款　　　　　　　　　　　　　　　　　　　5000

固基强技

单元四　试算平衡

布置任务

根据本模块案例背景，完成北京昊天机械制造有限责任公司 2020 年 12 月的试算平衡表。

理论学习

运用借贷记账法在账户中记录经济业务时，可能会发生一些人为错误。因此，在对经济业务进行账务处理之后，还必须依据会计恒等式的平衡关系和借贷记账法的记账规则，确立科学的、简便的、用于检查和验证账户记录是否正确的方法,以便找出错误及其原因,及时予以改正。这种检查和验证账户记录正确性的方法,在会计上称为试算平衡。

所谓试算平衡,是指根据"资产=负债+所有者权益"的平衡公式,按借贷记账法"有借必有贷,借贷必相等"的记账规则的要求,通过汇总计算和比较,核查账户记录是否正确的一种方法。

一、发生额试算平衡

在借贷记账法下,每笔经济业务在记账时都要以相等的金额,按照"借""贷"相反的方向,分别在一个或几个相对应的账户中进行记录。这就使得每一项经济业务所编制的会计分录,即每一笔经济业务反映在账户中的借方发生额与贷方发生额必然相等。

将一定时期内反映全部经济业务的所有会计分录记入有关账户后,所有账户的借方本期发生额合计数与所有账户的贷方本期发生额合计数也必然相等。因此,借贷记账法发生额试算平衡的计算公式为

$$全部账户本期借方发生额合计=全部账户本期贷方发生额合计 \quad (1.6)$$

⊙ 提示:

运用发生额试算平衡法,可以检验所有账户在某一期间内对各项经济业务的记录是否正确。

二、余额试算平衡

当一定会计期间内全部经济业务的会计分录都记入有关账户后,所有账户的借方余额合计数必然等于所有账户的贷方余额合计数。这是因为所有账户的借方余额和贷方余额都是以其本期发生额为基础累计的,既然本期发生额相等,那么余额必然也会相等。借贷记账法余额试算平衡的计算公式为

$$全部账户借方余额合计=全部账户贷方余额合计 \quad (1.7)$$

⊙ 提示:

运用余额试算平衡法,可以检验所有账户记录的内容经过一个时期的增减变动之后,在某一时点上(期末)的结果是否正确。

三、试算平衡表

期末,在给出各个账户的本期发生额和期末余额后,可以通过编制试算平衡表进行总分类账户本期发生额和余额的试算平衡。试算平衡表是根据各总分类账户的本期发生额和期初余额、期末余额编制的,既可以进行总分类账户借方和贷方发生额平衡的试算,又可以进行总分类账户借方和贷方余额平衡的试算。

试算平衡表设四大栏,即会计科目、期初余额、本期发生额和期末余额,除账户名称栏外,其他三栏又分别列有"借方"和"贷方"两个金额栏。试算平衡表的基本格式如表1-4所示。

表 1-4 试算平衡表

会计科目	期初余额		本期发生额		期末余额	
	借方	贷方	借方	贷方	借方	贷方
合计						

检查试算平衡表，若发现借贷不平衡，则可以肯定账户的记录和计算有错误，那么就要认真检查，找出错误并更正，直到实现平衡为止。

进行试算平衡检查时，一般应按照如图 1-12 所示的基本程序进行。

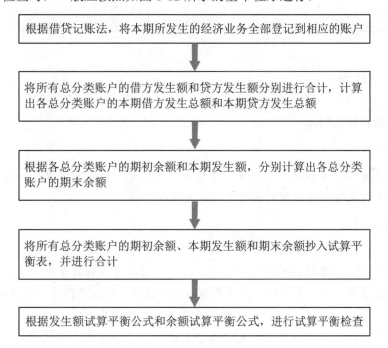

图 1-12 试算平衡检查的基本程序

案例分析及业务操作

结合本模块案例背景，对北京昊天机械制造有限责任公司 12 月的账务编制试算平衡表，如表 1-5 所示。

表1-5 本期发生额及余额试算平衡表

2020年12月　　　　　　　　　　　　　　　　　　　　　　　　　　　　单位：元

会计科目	期初余额		本期发生额		期末余额	
	借方	贷方	借方	贷方	借方	贷方
库存现金	4 000		5 000	800	8 200	
银行存款	400 000			305 000	95 000	
应收账款	25 000		200 000		225 000	
原材料	80 000		360 000		440 000	
库存商品	300 000				300 000	
固定资产	450 000		13 800 000		14 250 000	
短期借款		300 000				300 000
应付账款		20 000		60 000		80 000
应交税费		4 000				4 000
实收资本		935 000		13 800 000		14 735 000
管理费用			800		800	
主营业务收入				200 000		200 000
合计	1 259 000	1 259 000	14 365 800	14 365 800	15 319 000	15 319 000

基本理论链接

固基强技

一、会计的概念和基本特点

（一）会计的概念

会计是以货币为主要计量单位，运用专门方法和程序，对一定的经济单位的经济活动进行核算和监督，并向有关经济信息使用者提供财务信息的一种管理活动。

（二）会计的基本特点

1. 会计以货币作为主要计量单位

经济活动存在多种计量单位，如货币、重量、面积、时间和实物数量等，会计在对经济活动进行记录、计量时，以货币为主要计量单位。货币是商品的一般等价物，是衡量一般商品价值的共同尺度，具有价值尺度、流通手段、储藏手段和支付手段等特点。其他计量单位，如重量、长度和容积等，只能从一个侧面反映企业的生产经营情况，无法在量上进行汇总和比较，不便于会计计量和经营管理。因为会计对经济活动实施的是价值管理，所以，凡不能用货币计量的经济活动，都不是会计所反映的内容。

2. 会计采用一系列专门的方法

会计方法是用来核算和监督会计对象，执行会计职能，实现会计目标的技术手段。会计方法包括会计核算方法、会计分析方法、会计检查方法、会计控制方法、会计预测方法和会计决策方法等。

3. 会计具有核算和监督的基本职能

会计的职能是指在经济管理活动中所具有的功能。会计的基本职能表现在两个方面，即对经济活动进行会计核算和实施会计监督。

在开展会计工作过程中，会计人员一方面要按照会计法规制度的要求，对经济活动进行确认、计量和报告，即会计核算，它是会计工作的基础；另一方面要对经济活动的合法性、合理性进行审查，即会计监督，它是会计工作的质量保证。两者贯穿于会计工作的全过程，是会计管理活动的重要表现形式。

4. 会计对象是一个单位的经济活动

会计对象是指会计核算和监督的内容，具体指社会再生产过程中能以货币表现的经济活动，即资金运动或价值运动。这里的资金是指一个单位所拥有的各项财产物资的货币表现。其中，"单位"是对国家机关、社会团体、公司、企业、事业单位和其他组织的统称。如无特别说明，本书主要以《企业会计准则》为依据介绍企业经济业务的会计处理。

5. 会计的本质是一种经济管理活动

会计产生于人们管理社会和经济事务的过程，通过产业经营方案的选择、经营计划的制订、经营活动的控制和评价等各种方式直接进行管理。会计既是一种经济管理活动，又是一个经济信息系统。

首先，会计作为一种经济管理活动，不仅为企业经济管理提供数据资料，还通过各种方式直接参与经济管理，如为了实现经营目标而参与经营方案的选择、经营计划的制订、经营活动的控制和评价等。经济管理活动强调的是会计的监督职能。

其次，会计作为一个经济信息系统，它将企业经济活动分散的数据转化成一组客观、系统的数据，并提供相关企业的业绩、问题，以及资产、负债、所有者权益、收入、费用、利润等信息，这些信息是企业内部、外部利益相关者进行相关经济决策的重要依据，经济信息系统强调的是会计的核算职能。

随着社会经济的发展，现代会计正朝着具有更深刻的管理内涵和更广泛的服务领域的方向发展。

二、会计的对象与目标

（一）会计对象

会计对象是指会计所要核算与监督的内容。如前所述，会计是以货币作为主要计量单位的，因此，会计所要反映和核算的只是能用货币表现的那部分经济活动的内容。在我国，企业、机关、事业单位和其他组织经济活动的内容虽各有不同，但它们的所有财产物资都是以货币形式表现出来的，并在生产经营和收支活动中不断发生变化。这些财产物资的货币表现以及货币本身称为资金，即会计对象就是社会再生产过程中的资金运动。

企业的经济活动内容主要是生产经营活动。企业的资金随着生产经营活动的进行而不断发生变化，经过采购、生产、销售三个阶段，周而复始地循环周转。在资金循环周转过程中所发生的一切经济活动就是会计对象的具体内容，即资金运动。现以工业企业为例加以说明。

1. 资金的投入

按照相关法律要求，成立任何单位，尤其是工业企业，都需要资金的投入，投入单位的资金包括投资者投入的资金和向债权人借入的资金，前者形成所有者权益，后者属于债权人权益——企业负债。资金的投入是单位取得资金的过程，是资金运动的起点。投入企业的资金要用于购买机器设备和原材料并支付职工的工资等。这样投入的资金最终构成企业流动资产、非流动资产和费用。

2. 资金的循环与周转

工业企业的交易或事项主要是制造产品、销售产品。在生产经营过程中，其资金运动从货币资金形态开始,依次经过采购、生产和销售阶段,不断改变其形态,最后又回到货币资金形态。

(1) 在采购过程中,用货币购入各种原材料,从而由货币资金转化为储备资金。

(2) 在生产过程中,企业利用劳动手段将原材料投入生产,产生了原材料的消耗、固定资产的折旧、工资的支付和生产费用的开支,使储备资金和一部分货币资金转化为生产资金;在产品完工后,生产资金就转化为成品资金。

(3) 在销售过程中,产品销售出去取得销售收入,成品资金又转化为货币资金,同时支付销售费用。

在这三个过程中,货币资金依次不断改变其形态,称为资金循环;周而复始地不断循环,称为资金的周转。

3. 部分资金的退出

资金的退出,是指资金离开本单位,退出本单位的循环与周转。资金退出是资金运动的终点,主要包括偿还各项债务、依法缴纳各种税费以及向所有者分配利润等。

综上所述,工业企业的资金运动过程如图 1-13 所示。

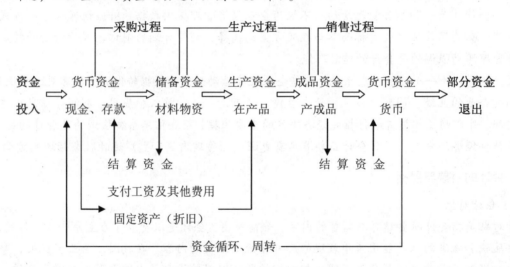

图 1-13 工业企业的资金运动过程

(二) 会计目标

在社会主义市场经济条件下,经济管理的总目标是提高经济效益。作为经济管理重要组成部分的会计管理工作,也应该以提高经济效益作为最终目标。

我国《企业会计准则》对于企业会计核算的目标做了明确规定:会计的目标是向财务会计报告使用者提供与企业财务状况、经营成果和现金流量等有关的会计信息,反映企业管理层受托责任履行情况,有助于财务会计报告使用者做出经济决策。上述会计核算的目标,实质上是对会计信息质量提出的要求,可以划分为两个层次:第一层次是向财务报告使用者提供对决策有用的会计信息;第二层次是反映企业管理层受托责任的履行情况。只有通过会计信息,才可以准确判断投资者的投资是否被科学、合理而有效地使用着,才可以判断投资使用的效果,这也是会计信息的重要意义。所以,会计的具体目标的根本是反映企业管理层受托责任履行情况,有助于财务会计报告使用者做出经济决策。会计的目标除了对会计信息的质量提出要求,还必须满足经济管理工作总的目标要求——提高各单位的经济效益。

三、会计的职能

会计的职能是指会计在经济管理过程中所具有的功能。随着经济的不断发展，经济关系的复杂化和管理理论水平的不断提高，会计职能的内涵也不断得到充实，会计的职能可以概括为：会计具有会计核算和会计监督两项基本职能和预测经济前景、参与经济决策、评价经营业绩等拓展职能。

（一）基本职能

1. 会计核算职能

会计核算职能也称作反映职能，是指主要运用货币计量形式，通过确认、计量、记录和报告，从数量上连续、系统和完整地反映各单位已经发生或完成的经济活动情况，为加强经济管理和提高经济效益提供会计信息。

会计核算具有以下特点。

（1）会计主要以货币作为计量单位，从数量上核算各单位的经济活动情况。

（2）会计主要核算已经发生或已经完成的经济活动。

（3）会计核算具有连续性、完整性、系统性。

会计核算的内容包括：① 款项和有价证券的收付；② 财物的收发、增减和使用；③ 债权债务的发生和结算；④ 资本、基金的增减；⑤ 收入、支出、费用、成本的计算；⑥ 财务成果的计算和处理；⑦ 需要办理会计手续、进行会计核算的其他事项。

2. 会计监督职能

会计监督职能也称作控制职能，是指在核算经济活动情况的同时，利用会计核算所提供的会计信息对各单位的经济活动全过程的合法性、合理性和有效性进行的控制和指导。

会计监督具有以下特点。

（1）会计监督是对经济活动全过程的监督。会计的监督职能，是主要利用货币计价对各单位的经济活动的全过程进行事前监督、事中监督和事后监督相结合的全面的经济监督。

（2）会计主要利用货币计价进行监督，也要进行实物监督。会计监督，除了利用货币度量监督，还要进行实物监督，例如，对某些具有实物形态的财产物资的收、发、存，要以凭证为依据，在账簿中登记其收、发、存的数量，并定期进行清查盘点，检查账实是否相符，以监督财产物资的安全完整。

（3）会计监督的依据包括真实性、合法性和合理性等方面。真实性的依据是实际发生的经济业务；合法性的依据是国家颁布的法令、法规；合理性的依据是客观经济规律及企业经营管理方面的具体要求。

3. 会计核算与会计监督的相互关系

会计核算和会计监督是会计的两个基本职能。核算是会计监督的基础，离开了核算，监督就失去了依据；同时，监督是会计核算的保障，它为会计信息的使用者提供了真实、可靠的数据资料。因此，会计核算和会计监督是密切结合、相辅相成的。只有把核算和监督结合起来，才能发挥会计在经济管理中的作用。

（二）拓展职能

会计的基本职能是核算与监督，但随着历史的进展，传统的职能已得到不断充实，新的职能不断出现,各种职能的重要性也起了变化。会计的拓展职能主要体现在管理会计方面,主要有以下几项职能。

(1)预测经济前景。预测经济前景是指根据财务会计报告等信息,定量或者定性地判断和推测经济活动的发展变化规律,以指导和调节经济活动,提供经济效益。

(2)参与经济决策。参与经济决策是指根据财务会计报告等信息,运用定量分析和定性分析方法,对备选方案进行经济可行性分析,为企业生产经营管理提供与决策相关的信息。

(3)评价经营业绩。企业经营业绩评价就是为了实现企业的生产目的,运用特定的指标和标准,采用科学的方法,对企业生产经营活动过程做出的一种价值判断。

四、会计核算方法体系

会计核算方法是对经济业务进行完整、连续和系统的记录和计算,为经营管理提供必要的会计信息所应用的方法,一般包括设置会计科目和账户、复式记账、填制和审核凭证、登记账簿、成本计算、财产清查、编制财务会计报告。

1. 设置会计科目和账户

设置会计科目和账户是一种对会计对象的具体内容进行分类核算和监督的方法。会计对象的内容是复杂多样的,为了对它们进行系统的核算和监督,就必须根据会计对象的具体内容和经济管理的要求,对其进行科学的分类,事先划分为若干个分类核算的项目,即会计科目,并在账簿中为每个会计科目开设具有一定结构内容的账户。

2. 复式记账

复式记账是对每项经济业务,都以相等的金额同时在两个或两个以上相互联系的账户中进行双重平衡的记录,借以完整地反映一项经济业务的方法。通过账户的对应关系及金额相等的平衡关系,可以完整地反映每项经济业务的来龙去脉及其相互关系,可以检查有关经济业务的账户记录是否正确。

3. 填制和审核凭证

会计凭证是记录经济业务、明确经济责任的书面证明,是登记账簿的重要依据。对于已经发生或完成的经济业务,都要由经办人员或有关单位填制凭证,并签名盖章。所有凭证都要经过会计部门和有关部门的审核,只有经过审核并认为正确无误的凭证,才能作为记账的依据。

4. 登记账簿

账簿是用来连续、系统、完整地记录各项经济业务的簿籍。账簿所提供的各种数据资料是编制财务会计报告的主要依据。登记账簿是根据审核无误的会计凭证,在有关账簿上连续、系统、完整地记录经济业务的一种专门方法。

5. 成本计算

成本计算是一种按照一定的成本计算对象来归集各个经营过程中所发生的全部费用,借以确定该对象的总成本和单位成本的专门方法。通过成本计算,可以了解成本的构成,核算成本的高低,并据以确定企业的盈亏。同时,正确地选择成本计算方法,准确地计算成本,也是企业正确计算利润的前提条件之一。

6. 财产清查

财产清查是一种通过盘点实物,核对账目,查明各项财产物资和资金的实有数,以保证账簿记录真实、可靠的专门方法。在会计核算工作中,为了加强会计记录的准确性,保证账实相符,必须定期或不定期地对各项财产物资和往来款项进行清查、盘点和核对。财产清查对于保证会计核算资料的正确性、监督财产的安全与合理使用都具有重要的作用。因此,它是会计核算必不可少的一种专门方法。

7. 编制财务会计报告

编制财务会计报告,是一种以书面报告的形式定期总括反映企业、行政、事业等单位一定时期财务状况和经营成果的专门方法。财务会计报告是以一定的表格形式,对一定时期内账簿记录内容的总括反映,是对编表单位在一定时期内的经济活动过程和结果的报告文件。通过财务会计报告可以使企业内部和外部的会计信息使用者从总体上集中而概括地了解企业的财务状况和经营成果,预测今后的发展趋势,据以做出正确的决策。

会计核算的各种专门方法是相互联系、密切配合的,构成一个完整的方法体系。在会计核算的七个具体方法中,日常经济业务的核算起点是填制和审核会计凭证。经济业务发生后,首先要取得会计凭证,根据审核无误的会计凭证,按照规定的会计科目对经济业务进行分类核算,采用复式记账的方法在各种账簿中进行登记;对于生产经营过程中所发生的各项费用进行成本计算;对于账簿记录,要通过财产清查加以核实;在保证账实相符的基础上,根据账簿记录,定期编制各种财务会计报告。

会计核算方法体系如图1-14所示。

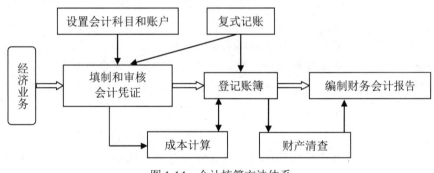

图1-14 会计核算方法体系

由于企业的规模不同、生产经营管理的要求不同,账务处理程序也不同,本书将在以后的模块中做详细介绍。

五、会计基本假设

会计基本假设也称作会计基本前提。它是对会计所处的时间和空间环境所做的合理假定,即对会计领域里某些无法正面加以论证的事物,根据客观的、正常的情况和趋势经过逐步认识所做的合理的判断。会计基本假设包括会计主体、持续经营、会计分期和货币计量。

(一)会计主体

会计主体是指会计核算和监督的特定单位或组织,它规范了企业会计确认、计量和报告的空间范围。一个会计主体是一个独立的经济实体,应当对其本身发生的交易或事项进行会计确认、计量和报告,独立地记录和核算企业本身各项生产经营活动。

◉ 提示：

会计主体既可以是一个企业，也可以是若干企业组织起来的集团公司，甚至还可以是一个企业的分部。会计主体既可以是法人，如股份有限公司或有限责任公司，也可以是不具备法人资格的实体，如独资企业或合伙企业、集团公司、事业部、分公司、工厂分部等。

要注意的是，会计主体不同于法律主体，一般而言，法律主体必然是一个会计主体，但是会计主体不一定是法律主体。作为会计主体，必须能够控制经济资源并进行独立核算。

（二）持续经营

持续经营是指企业会计确认、计量和报告应当以持续、正常的生产经营活动为前提。一般情况下，应当假定企业将会按当前的规模和状态继续经营下去，不考虑停业、破产、清算或大规模削减业务等因素。明确这个基本前提，会计人员就可在此基础上选择会计原则和方法，如资产能够按计量基础计算成本，费用能够定期进行分配，负债能够按期偿还，否则无法进行正常的核算。持续经营规范了会计核算的时间范围。

（三）会计分期

会计分期是指企业在持续经营期间的经营活动，人为地将其等距离划分为一定期间，定期确立收入、费用、利润、资产、负债和所有者权益，以便结算账目、编制财务报表及对会计信息进行比较和分析。会计期间分为年度和中期。中期是指短于一个完整的会计年度的报告期，如半年度、季度和月度。其起讫的日期按公历日期计算。

◉ 提示：

在我国，会计年度自公历每年的1月1日起至12月31日止。会计年度规定为公历年度，这也是为了与我国的预算、财政、税务等要求保持一致。会计期间的划分对会计核算有着重要的影响。正是由于有了会计分期这一假设，才产生了本期与非本期的区别，进而产生了权责发生制、收付实现制的区别。

（四）货币计量

货币计量是指会计主体在会计确认、计量和报告时以货币作为计量尺度，反映会计主体的经济活动。在我国，企业通常以人民币为记账本位币。业务收支以人民币以外的货币为主的企业，也可以选定其中一种货币为记账本位币，但向外编送财务报告应当折算为人民币反映。在境外设立的中国企业向国内有关部门报送财务报告时，也应当折算为人民币反映。

六、会计基础

会计基础，即会计事项的记账基础，是指会计确认、计量和报告的基础，包括权责发生制和收付实现制。企业的资源流动会引起相应的现金流动，但由于存在会计分期，现金实际的收付期间和资源流动的发生期间往往会出现不一致的情况。这样，在确认资产、负债、收入和费用时，就可能出现两种会计基础：收付实现制和权责发生制。

（一）收付实现制

收付实现制也称作实收实付制，是指企业以实收实付作为标准来确认本期的收入和费用，即凡是本期实际收到款项的收入和付出款项的费用，不论款项是否属于本期，都记作本期的收入和费用。例如，某公司8月收到了某单位5月所欠的货款7000元，因为实际收到款项的时间在8月，所以在收付实现制下确认为该公司 8 月收入 7000 元。

（二）权责发生制

权责发生制也称作应收应付制，是指企业以应收应付为标准来确认收入和费用，即凡归属本期的收入和费用，不论款项是否实际收付，都确认为本期的收入和费用。上例中，7000 元的货款尽管是 8 月收到的，但它归属于 5 月，故以应收应付为确认标准，在权责发生制下，7000 元应确认为该公司 5 月的收入。

由于权责发生制以应收应付作为收入和费用归属的判断标准，更好地满足了配比原则，因此计算盈亏较为准确。

会计准则规定，企业应当以权责发生制作为基础进行会计确认、计量和报告。

七、会计信息的质量要求

会计信息质量要求是会计确认、计量和报告质量的保证，主要包括以下几个方面。

（1）可靠性。这是指企业应当以实际发生的交易或事项为依据进行会计确认、计量和报告，如实反映符合确认和计量要求的各项会计要素及其他相关信息，保证会计信息内容真实、数字准确、记录完整、资料可靠。

（2）相关性。这是指企业所提供的会计信息应与财务报告使用者的经济决策有关，要求在收集、记录、处理和提供会计信息过程中能充分考虑会计信息使用者决策的需要。这有助于财务报告使用者对企业过去、现在或未来的情况做出评价或预测。

（3）可理解性。这是指企业提供的会计信息应当清晰明了，便于财务报告使用者理解和利用，要求会计记录清晰，填制凭证、登记账簿、编制财务会计报告要求数字正确、项目齐全、勾稽关系清楚。对于财务报告中难以用数字明确的问题，应当用文字加以说明。

（4）可比性。这是指企业提供的会计信息应当具有可比性，遵循一致性原则。

① 同一企业不同时期可比（纵比）。为了便于投资者等财务报告使用者了解企业财务状况、经营成果和现金流量的变化趋势，比较企业在不同时期的财务报告信息，全面、客观地评价过去、预测未来，从而做出决策。会计信息质量的可比性要求同一企业不同时期发生的相同或者相似的交易或者事项，应当采用一致的会计政策，不得随意变更。但是，满足会计信息可比性要求，并非表明企业不得变更会计政策，如果按照规定或者在会计政策变更后可以提供更可靠、更相关的会计信息的，可以变更会计政策。有关会计政策变更的情况，应当在附注中予以说明。

② 不同企业相同会计期间可比（横比）。为了便于投资者等财务报告使用者评价不同企业的财务状况、经营成果和现金流量及其变动情况，会计信息质量的可比性要求不同企业在同一会计期间发生的相同或者相似的交易或者事项，应当采用规定的会计政策，确保会计信息口径一致、相互可比，以使不同企业按照一致的确认、计量和报告要求提供有关会计信息。

（5）实质重于形式。这是指企业应当按照以交易或事项的经济实质进行会计确认、计量和报告，而不应仅以交易或事项的法律形式作为依据。例如，以融资租赁方式租入的固定资产，从法律形式来讲，企业不拥有其所有权，但由于租赁合同规定的租赁期接近该项资产的使用寿命，在租赁期结束时，承租企业有优先购买该项资产的选择权，且在承租期内企业有权支配资产并从中受益。因此，从该项资产的经济实质来看，如果企业能控制其未来创造的经济利益，在会计核算上应视为企业的资产。这体现了对经济实质的尊重,以保证会计信息与客观经济事实相符。

（6）重要性。这是指企业提供的会计信息应当反映与企业财务状况、经营成果和现金流量等有关的所有交易或事项,按规定的会计方法和程序进行处理,并在财务报告中予以充分、准确地披露,使财务报告使用者据以做出合理判断。对于次要的会计事项,则可在不影响会计信息真实性的情况下,做适当简化或合并反映。

（7）谨慎性。谨慎性又称作稳健性,是指企业对交易或者事项进行确认、计量和报告,应保持应有的谨慎,不高估资产或收益,不低估负债或费用,应尽可能建立在比较稳妥可靠的基础上。例如,企业对可能发生的各项资产损失计提资产减值准备、固定资产采用加速折旧法等,就是体现了谨慎性要求。但是要注意,不能任意设置各种秘密准备,滥用谨慎性要求。

（8）及时性。这是指对于已经发生的交易或事项应当及时进行处理,会计确认、计量和报告不得提前或延后。要求及时收集会计信息,及时对会计信息进行加工处理,及时传递会计信息,力求讲究时效,使财务报告使用者有效地利用会计信息。

大学生创业——会计科目设置

小颖会计专业毕业后,在"大众创业,万众创新"的热潮下,决定自主创业。她开办了一家美甲店,在商场里租用了一间30m²的商业用房,购置了各种美甲设备和用具,并聘请了一位资深美甲师。美甲店开张之后,生意很红火,为了记账清楚,她为美甲店设计了一套会计科目(账户),包括现金、银行存款、其他应收款、原材料、固定资产、应交税费、短期借款、应付职工薪酬、股本、本年利润、主营业务收入、管理费用、销售费用、财务费用等。

思考：你认为小颖所设计的会计科目是否合理？为什么？

模块总结

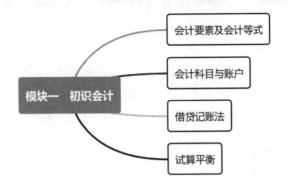

模块二　填制和审核会计凭证

知识目标

1. 能够分清原始凭证与记账凭证的种类；
2. 熟悉原始凭证和记账凭证的内容；
3. 能够识别常见的原始凭证；
4. 了解会计凭证的传递与保管。

能力目标

1. 能够熟练填制原始凭证和记账凭证；
2. 能够为一家小型制造业企业一个会计期间的经济业务完成相关原始凭证的填制和记账凭证的编制；
3. 能够完成原始凭证和记账凭证的审核。

案例背景

北京昊天机械制造有限责任公司为增值税一般纳税人，增值税税率为13%，城市维护建设税税率为7%，教育费附加税率为3%，企业所得税税率为25%，各账户期初余额如表2-1所示。

表2-1　北京昊天机械制造有限责任公司总分类账户余额表

2020年11月30日　　　　　　　　　　　　　　　　　　　　单位：元

资产类账户	借方余额	负债及所有者权益类账户	贷方余额
库存现金	4000	短期借款	300 000
银行存款	400 000	应付账款	20 000
应收账款	25 000	应交税费	4000
原材料	80 000	实收资本	935 000
库存商品	300 000		
固定资产	450 000		
总计	1 259 000	总计	1 259 000

注：原材料中包括丙材料500kg，单价为18元；应收账款中包括应收晨星公司货款10 000元。

北京昊天机械制造有限责任公司2020年12月经济业务如下。

【业务2-1】2020年12月1日，北京昊天机械制造有限责任公司接受北京光明矿业有限公司投入生产设备一台，双方确认的价值为13 800 000元（不考虑增值税），双方约定的价值即为投资者在本企业注册资本中所占的份额，北京昊天机械制造有限责任公司已如期收到设备，并验收投入使用。

【业务2-2】2020年12月3日，北京昊天机械制造有限责任公司向北京金达有限金属有限公司购入甲材料 10 000kg，单价 30 元，价款总计 300 000 元，增值税进项税额为 39 000 元，款项以银行存款支付，材料已验收入库。

【业务 2-3】2020 年 12 月 5 日，北京昊天机械制造有限责任公司向北京新兴金属有限公司购入甲材料 2000kg，单价 30 元，价款总计 60 000 元，增值税进项税额为 7800 元。材料已验收入库，款项未支付。

【业务 2-4】12 月 21 日，北京昊天机械制造有限责任公司用现金购买零星办公用品 800 元，管理部门领用。

【业务 2-5】12 月 23 日，北京昊天机械制造有限责任公司向北京晨星有限公司销售 A 设备 40 台，每台售价 5000 元，共计价款 200 000 元，增值税 26 000 元，设备已经发出，款项尚未收到。

【业务 2-6】12 月 25 日，公司出纳到银行提取 5000 元备用金。

【业务 2-7】12 月 28 日，北京昊天机械制造有限责任公司收到北京晨星有限公司的违约罚款 3000 元。

单元一　填制和审核原始凭证

布置任务

分析北京昊天机械制造有限责任公司 2020 年 12 月发生的部分经济业务，能够识别这些业务所涉及的原始凭证，并能够进行正确的分类，能够填制部分原始凭证及审核全部原始凭证。

理论学习

会计凭证是一种记录经济业务发生或者完成情况、明确经济责任、作为登记账簿依据的具有法律效力的书面证明。填制和审核会计凭证是会计核算工作的起点，也是会计核算的专门方法之一。按照填制程序和用途不同，会计凭证可以分为原始凭证和记账凭证。

一、原始凭证的含义和种类

（一）原始凭证的含义

原始凭证，又称作单据，是指在经济业务发生或完成时取得或填制的，用以记录或证明经济业务的发生或完成情况的原始凭据。原始凭证主要用于记载经济业务的发生过程和具体内容。常用的原始凭证有现金收据、发货票、增值税专用（或普通）发票、差旅费报销单、产品入库单、领料单等。

> 提示：
原始凭证必须能够表明经济业务已经发生或其完成情况，凡是不能证明经济业务发生或完成情况的各种单证，如购销合同、计划等，不能作为原始凭证。

（二）原始凭证的种类

原始凭证可以按取得的来源、格式、填制的手续和内容进行分类。

1. 按取得的来源分类

按取得的来源，原始凭证可分为自制原始凭证和外来原始凭证。

（1）自制原始凭证。自制原始凭证是指由本单位有关部门和人员在执行或完成某项经济业务时填制的，仅供本单位内部使用的原始凭证，如收料单、领料单、销售单、固定资产折旧计算表、固定资产验收单等。固定资产验收单格式如图2-1所示。

固定资产验收单

2020 年 12 月 01 日

资产编号	005		资产来源	投入		
名称	生产设备		规格型号		购（造）价/元	13 800 000.00
安装费		使用年限	15 年	预计残值率	5%	预计残值/元	690 000.00
建造单位			交工日期			
验收部门	生产部	验收人员	张峰	管理部门	生产部	管理人员	柳林
备注						

审核：　　　　　　　　制表：

图 2-1　自制原始凭证——固定资产验收单

（2）外来原始凭证。外来原始凭证是指在经济业务发生或完成时，从其他单位或个人直接取得的原始凭证。例如，购买货物时从供应商处取得的增值税普通发票就属于外来原始凭证，如图2-2所示。

北京增值税普通发票

发票联

No.26747245

开票日期：2020 年 12 月 21 日

购买方	名称：北京昊天机械制造有限责任公司 纳税人识别号：91110908045615075X 地址、电话：北京高新园创新路88号 010-88227854 开户行及账号：中国工商银行北京分行 110007609048708091012	密码区	1*6<+81+574+9*2+/>039063/* .*0/9 68*624582>91*3/*1<6*422477</42** 0+7-2</24-630-391611+>/51433*124 *5+44><9/9

货物或应税劳务、服务名称	规格型号	单位	数量	单价	金额	税率	税额
*纸*打印纸		包	42	27.739 25	1165.05	3%	34.95
合　　计					￥1165.05		￥34.95
价税合计（大写）	人民币壹仟贰佰元整				（小写）￥1200.00		

销货方	名称：北京奥明商贸公司 纳税人识别号：91110578045712341X 地址、电话：北京中关村创新路58号之一 2楼 010-88228854 开户行及账号：中国建设银行北京海淀支行 110007609004870821122	备注	

收款人：方晓灿　　复核：孙冰冰　　开票人：李纯　　销货方：（章）

第三联：发票联　购买方记账凭证

图 2-2　外来原始凭证——增值税普通发票

2. 按格式分类

按格式的不同,原始凭证可分为通用凭证和专用凭证。

(1)通用凭证。通用凭证是指由有关部门统一印制、在一定范围内使用的具有统一格式和使用方法的原始凭证,如图 2-3 所示。通用凭证的使用范围因制作部门的不同而不同,可以是分地区、分行业使用,也可以全国通用,例如,某省(市)印制的在该省(市)通用的发票、收据等;由中国人民银行制作的在全国通用的银行转账结算凭证等。

中国工商银行 进 账 单(回 单) 1

2020 年 12 月 03 日

出票人	全称	北京昊天机械制造有限责任公司	收款人	全称	北京金达有限金属有限公司	此联是开户银行交给持票人的回单
	账号	110007609048708091012		账号	110007632313001078967	
	开户银行	中国工商银行北京分行		开户银行	中国工商银行北京西城支行	
金额	人民币(大写)叁拾叁万玖仟元整			亿 千 百 十 万 千 百 十 元 角 分 ¥ 3 3 9 0 0 0 0 0		
票据种类	转账支票	票据张数	壹张	开户银行签章		
票据号码	64654335					
复核:		记账:				

图 2-3 通用凭证——进账单

(2)专用凭证。专用凭证是指由单位自行印制、仅在本单位内部使用的原始凭证,如收料单、领料单、工资费用分配表、折旧计算表、差旅费报销单(见图2-4)等。

差旅费报销单

2020 年 12 月 22 日

出差者姓名		李强			出差事由		出差洽谈业务			附加:	张
月	日	出发地点	月	日	到达地点	车船费	机场费	住宿费	机票	其他	出差补助费	合计
											天数	金额	
12	17	北京南站	12	17	上海站	604.00							604.00
12	17	上海	12	21	上海			2500.00		622.00	5	180	4022.00
12	21	上海站	12	21	北京南站	604.00							604.00
		合 计				1208.00		2500.00		622.00		900.00	5230.00
报销总额		人民币(大写)伍仟贰佰叁拾元整				小写金额:¥5230.00				报销方式		银行转账	

会计主管:林月   审核:柳禾   制单:陈飞   部门主管:陈晓东   出差人:李强

图 2-4 专用凭证——差旅费报销单

3. 按填制的手续和内容分类

按填制的手续和内容,原始凭证可分为一次凭证、累计凭证和汇总凭证。

(1)一次凭证。一次凭证是指一次填制完成,只记录一笔经济业务且仅一次有效的原始凭证,如收据、收料单、借款单、发货票、银行结算凭证、付款申请单(见图2-5)等。

付款申请单

申请部门:采购部　　　　　　　　　　　　　　　　　　2020 年 12 月 03 日

收款单位名称(全称)	付款事由(用途)	金额	付款方式
北京金达有限金属有限公司	购买甲材料	343 360.00	转账
备注			
合计金额(大写)	人民币叁拾肆万叁仟叁佰陆拾元整	合计金额(小写)	¥343 360.00
发票种类	增值税专用发票	款项所属账期	2020 年 12 月

总经理:　　　审批:　　　财务:陈飞　　　主管:林月　　　经办:

图 2-5　一次凭证——付款申请单

● 提示:

大部分的自制原始凭证属于一次凭证,所有外来原始凭证都属于一次凭证。

(2)累计凭证。累计凭证是指在一定时期内多次记录发生的同类型经济业务且多次有效的原始凭证。累计凭证应在每次经济业务完成后,由相关人员在同一张凭证上重复填制完成。如限额领料单的格式如图2-6所示。

限额领料单

领料单位:　　　　　　　　　　　　　　　　　　　　　　　　　　发料仓库:

工程项目	工程部位	材料名称	计划用量	定额损耗百分比	领用限额	实发数量

日期	领用			退料		
	数量	领用人	发料人	数量	退料人	收料人

部位施工员:　　　　　　　　生产计划员:　　　　　　　　仓库管理员:

图 2-6　累计凭证——限额领料单

◉ 提示：

累计凭证能在一定时期内不断重复地反映同类经济业务的完成情况。

（3）汇总凭证。汇总凭证是指对一定时期内反映经济业务内容相同的若干张原始凭证，按照一定标准综合填制的原始凭证，如领用材料汇总表、工资结算汇总表、差旅费报销单等。汇总凭证应由相关人员在汇总一定时期内反映同类经济业务的原始凭证后填制完成。领用材料汇总表的格式如图 2-7 所示。

领用材料汇总表

2020 年 12 月 14 日

项目		甲材料			乙材料			丙材料			合计
		数量/kg	单价/元	金额/元	数量/kg	单价/元	金额/元	数量/kg	单价/元	金额/元	
生产产品耗用	A 设备	3000	30.00	90 000.00	1200	50.00	60 000.00				150 000.00
	B 设备	1000	30.00	30 000.00	1200	50.00	60 000.00	5000	18.00	90 000.00	180 000.00
车间一般耗用					400	50.00	20 000.00				20 000.00
厂部行政管理部门耗用					100	50.00	5000.00				5000.00
销售部门耗用					100	50.00	5000.00				5000.00
合计		4000	30.00	120 000.00	3000	50.00	150 000.00	5000	18.00	90 000.00	360 000.00

财务主管：柳科　复核：李月　记账：庞飞　保管：李丹　制单：李丹

图 2-7　汇总凭证——领用材料汇总表

◉ 提示：

汇总凭证只能将类型相同的经济业务进行汇总，不能汇总两类或两类以上的经济业务。

二、原始凭证的基本内容

原始凭证的格式和内容因经济业务和经营管理的不同而有所差异，但应当具备一些基本内容（也称为原始凭证要素），主要包括以下几个方面。

（1）凭证的名称。

（2）填制凭证的日期和编号。

（3）填制凭证单位名称或者填制人姓名。

（4）经办人员的签名或者盖章。

（5）接受凭证单位名称。

（6）经济业务的基本内容，包括经济业务的内容摘要、数量、单价和金额等。

◉ 提示：

在实际工作中，原始凭证除了具有以上基本内容，还可以根据经营管理和特殊业务的需要等补充一些必要的内容，如计划任务、工作令号、合同号数、预算项目等。有些特殊的原始凭证可不加盖公章，但这种凭证一般有固定的特殊标志，如铁道部统一印制的火车票（见图 2-8）等。

图 2-8 火车票示例

三、原始凭证的填制要求

原始凭证的填制必须符合下列要求。

1. 记录真实

原始凭证所填列经济业务的内容和数字等必须真实可靠，符合实际情况。

2. 内容完整

原始凭证所要求填列的项目必须逐项填列齐全，不得遗漏或省略。

◉ 提示：

原始凭证中的年、月、日要按照填制原始凭证的实际日期填写；名称要齐全，不能简化；品名或用途要填写明确，不能含混不清；有关人员的签章必须齐全。

3. 手续完备

（1）自制原始凭证必须有经办单位领导人或者其指定的人员签名或盖章。

（2）对外开出的原始凭证，必须加盖本单位公章。

（3）从外部取得的原始凭证，必须盖有填制单位的公章。

（4）从个人取得的原始凭证，必须有填制人员的签名或盖章。

◉ 提示：

"公章"是指具有法律效力和特定用途，能够证明单位身份和性质的印鉴，包括业务公章、财务专用章、发票专用章、结算专用章等。

4. 书写清楚、规范

（1）文字要简明，字迹要清楚，易于辨认，不得使用未经国务院公布的简化汉字。

（2）大小写金额必须符合填写规范。

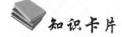知识卡片

《会计基础工作规范》中关于会计凭证数字的书写要求

（1）阿拉伯数字应当一个一个地写，不得连笔写。阿拉伯数字金额前面应当书写货币币种符号或

者货币名称简写和币种符号。币种符号与阿拉伯数字金额之间不得留有空白。凡阿拉伯数字前写有币种符号的，数字后面不再写货币单位。

（2）所有以元为单位（其他货币种类为货币基本单位，下同）的阿拉伯数字，除表示单价等情况外，一律填写到角分；无角分的，角位和分位可写"00"，或者符号"—"；有角无分的，分位应当写"0"，不得用符号"—"代替。

（3）汉字大写数字金额，如零、壹、贰、叁、肆、伍、陆、柒、捌、玖、拾、佰、仟、万、亿等，一律用正楷或者行书体书写，不得用0、一、二、三、四、五、六、七、八、九、十等简化字代替，不得任意自造简化字。大写金额数字到元或者角为止的，在"元"或者"角"字之后应当写"整"字或者"正"字；大写金额数字有分的，分字后面不写"整"或者"正"字。

（4）大写数字金额前未印有货币名称的，应当加填货币名称，货币名称与金额数字之间不得留有空白。

（5）阿拉伯数字金额中间有"0"时，汉字大写金额要写"零"字；阿拉伯数字金额中间连续有几个"0"时，汉字大写金额中可以只写一个"零"字；阿拉伯数字金额元位是"0"，或者数字中间连续有几个"0"，元位也是"0"，但角位不是"0"时，汉字大写金额可以只写一个"零"字，也可以不写"零"字。

5. 连续编号

各种凭证要连续编号，以便检查。如果凭证已预先印定编号，如发票、支票等重要凭证，在因错作废时，应加盖"作废"戳记，妥善保管，不得撕毁。

6. 不得涂改、刮擦、挖补

原始凭证金额有错误的，应当由出具单位重开，不得在原始凭证上更正。原始凭证有其他错误的，应当由出具单位重开或更正，更正处应当加盖出具单位印章。

7. 填制及时

各种原始凭证一定要及时填写，并按规定的程序及时送交会计机构，由会计人员审核。

四、原始凭证的审核

为了如实反映经济业务的发生和完成情况，充分发挥会计的监督职能，保证会计信息的真实、完整，会计人员必须对原始凭证进行严格审核。审核的内容主要包括以下几项。

1. 真实性

真实性审核包括凭证日期是否真实、业务内容是否真实、数据是否真实等。

◉ 提示：

对外来原始凭证，必须有填制单位的公章或财务专用章和填制人员签章；对自制原始凭证，必须有经办部门和经办人员的签名或盖章；对通用原始凭证，还要审核凭证本身的真实性，以防作假。

2. 合法性

审核原始凭证所记录的经济业务是否符合国家法律法规，是否履行了规定的凭证传递和审核程序。

3. 合理性

审核原始凭证所记录的经济业务是否符合企业生产经营活动的需要、是否符合有关的计划和预算等。

4. 完整性

审核原始凭证各项基本要素是否齐全、是否有遗漏情况、日期是否完整、数字是否清晰、文字是否工整、有关人员签章是否齐全、凭证联次是否正确等。

5. 正确性

审核原始凭证记载的各项内容是否正确，主要包括以下内容。

（1）接受原始凭证单位的名称是否正确。

（2）金额的填写和计算是否正确：阿拉伯数字分位填写，不得连写；小写金额前要标明"¥"字样，中间不能留空位；大写金额前要加"人民币"字样，大写金额与小写金额要相符。

（3）更正是否正确：原始凭证记载的各项内容均不得涂改、刮擦和挖补。

6. 及时性

原始凭证的及时性审核是保证会计信息及时性的基础。为此，在经济业务发生或完成时要及时填制有关原始凭证，及时进行凭证的传递。审核时应注意审查凭证的填制日期，尤其是支票、银行本票、银行汇票等时效性较强的原始凭证，更应仔细验证其签发日期。

案例分析及业务操作

【业务 2-1】摘录的投资协议书如图 2-9 所示。

投资协议书（摘录）

投出单位：北京光明矿业有限公司

投入单位：北京昊天机械制造有限责任公司

………

第五，北京光明矿业有限公司向北京昊天机械制造有限责任公司投资生产设备一台，双方确认的价值为 13 800 000 元整。

………

图 2-9 摘录的投资协议书

分析过程：

（1）识别原始凭证，判断经济业务的内容。

（2）固定资产验收单（见图 2-10）属于什么类型的原始凭证？

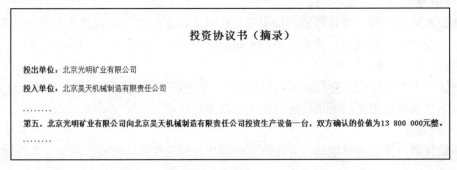

图 2-10 固定资产验收单

【业务2-2】 此业务涉及的凭证如图2-11～图2-14所示。

北京增值税专用发票

发票联

No.37859002

开票日期：2020 年 12 月 03 日

购买方	名称：北京昊天机械制造有限责任公司 纳税人识别号：91110908045615075X 地址、电话：北京高新园创新路88号 010-88227854 开户行及账号：中国工商银行北京分行 110007609048708091012	密码区	1*6<+81+574+9*2+/>039063/*． *0/968*624582>91*3/*1<6*4224 77</42**0+7-2</24-630-391611 +>/51433*124*5+44><9/9

货物或应税劳务、服务名称	规格型号	单位	数量	单价	金额	税率	税额
甲材料		kg	10 000	30.00	300 000.00	13%	39 000.00
合　计					¥300 000.00		¥39 000.00
价税合计（大写）	人民币叁拾叁万玖仟元整				（小写）¥339 000.00		

销货方	名称：北京金达有限金属有限公司 纳税人识别号：91110270590544459X 地址、电话：北京家乐园黄山路46号 010-35466666 开户行及账号：中国工商银行北京西城支行 110007632313001078967	备注	（销货方发票专用章）

收款人：张佳　　　复核：刘明　　　开票人：王红　　　销货方：（章）

图2-11　增值税专用发票

中国工商银行 进 账 单（回 单）　　1

2020 年 12 月 03 日

出票人	全称	北京昊天机械制造有限责任公司	收款人	全称	北京金达有限金属有限公司
	账号	110007609048708091012		账号	110007632313001078967
	开户银行	中国工商银行北京分行		开户银行	中国工商银行北京西城支行

金额	人民币（大写）叁拾叁万玖仟元整	亿	千	百	十	万	千	百	十	元	角	分
					¥	3	3	9	0	0	0	0

票据种类	转账支票	票据张数	壹张
票据号码	64654335		

（中国工商银行北京分行 2020.12.03）开户银行签章

复核：　　　　　记账：

图2-12　进账单

付款申请单

申请部门：采购部　　　　　　　　　　　　　　　　2020 年 12 月 03 日

收款单位名称（全称）	付款事由（用途）	金额	付款方式
北京金达有限金属有限公司	购买甲材料	¥339 000.00	转账
备注			
合计金额（大写）	人民币叁拾叁万玖仟元整	合计金额（小写）	¥339 000.00
发票种类	增值税专用发票	款项所属账期	2020 年 12 月

总经理：　　审批：　　财务：　　主管：　　经办：

图 2-13　付款申请单

入库单

No：43211410

交货单位：北京金达有限金属有限公司　　　　　2020 年 12 月 03 日

品名	单位	规格	数量	单价	金额 千 百 十 万 千 百 十 元 角 分
甲材料	kg		10 000	30.00	¥ 3 0 0 0 0 0 0 0

合计大写：人民币叁拾万元整　　　　　　¥300 000.00

记账：　　保管：　　制票：

第二联：会计联

图 2-14　入库单

分析过程：

（1）识别原始凭证，判断经济业务的内容。

（2）上述几张原始凭证中属于自制原始凭证的是哪几张？属于外来原始凭证的是哪几张？通用凭证和专用凭证分别是哪几张？

（3）审核原始凭证。

【业务 2-3】此业务涉及的凭证如图 2-15 和图 2-16 所示。

模块二　填制和审核会计凭证　47

北京增值税专用发票

发票联

No.37868120

开票日期：2020 年 12 月 05 日

购买方	名称：北京昊天机械制造有限责任公司 纳税人识别号：91110908045615075X 地址、电话：北京高新园创新路 88 号 010-88227854 开户行及账号：中国工商银行北京分行 11000760904870809101 2	密码区	1*6<+81+574+9*2+/>039063/*.* 0/968*624582>91*3/*1<6*42247 7</42**0+7-2</24-630-391611+> /51433*124*5+44><9/9

货物或应税劳务、服务名称	规格型号	单位	数量	单价	金额	税率	税额
甲材料		kg	2000	30.00	60 000.00	13%	7800.00
合　　计					¥60 000.00		¥7800.00

价税合计（大写）	人民币陆万柒仟捌佰元整	（小写）¥67 800.00

销货方	名称：北京新兴金属有限公司 纳税人识别号：91440400596394369X 地址、电话：北京市西城区展览路 88 号 010-62147896 开户行及账号：中国工商银行北京西城支行 110007254813001075545	备注	（北京新兴金属有限公司 91440400596394369X 发票专用章）

收款人：李佳怡　　　复核：刘爱国　　　开票人：王爱民　　　销货方：（章）

第三联：发票联购买方记账凭证

图 2-15　增值税专用发票

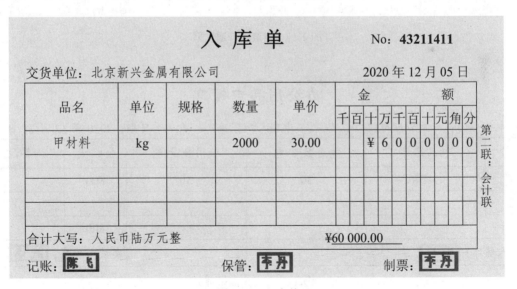

图 2-16　入库单

分析过程：

（1）识别原始凭证，判断经济业务的内容。

（2）审核一下材料的入库单有无问题？

【业务 2-4】 此业务涉及的凭证如图 2-17 和图 2-18 所示。

北京增值税普通发票

No.26747245

开票日期：2020 年 12 月 21 日

购买方	名称：北京昊天机械制造有限责任公司 纳税人识别号：91110908045615075X 地址、电话：北京高新园创新路 88 号 010-88227854 开户行及账号：中国工商银行北京分行 1100076090487080910 12	密码区	1*6<+81+574+9*2+/>039063/*.* 0/968*624582>91*3/*1<6*422477 </42**0+7-2</24-630-391611+>/5 1433*124*5+44><9/9

货物或应税劳务、服务名称	规格型号	单位	数量	单价	金额	税率	税额
*纸*打印纸		包	30	25.88997	776.70	3%	23.30
合　　计					¥776.70		¥23.30
价税合计（大写）	人民币捌佰元整				（小写）¥800.00		

销货方	名称：北京奥明商贸公司 纳税人识别号：91110578045712341X 地址、电话：北京中关村创新路 58 号之一 2 楼 010-88228854 开户行及账号：中国建设银行北京海淀支行 11000760900487082 1122	备注	（销货方发票专用章）

收款人：方晓灿　　　　复核：孙冰冰　　　　开票人：李纯　　　　销货方：（章）

图 2-17　增值税普通发票

办公用品申领单

申领部门：行政管理部门　　　申领人：张峰　　　日期：2020 年 12 月 21 日

序号	物品名称	购进数量/包	领用数量/包	金额/元	备注
1	打印纸	30	30	800	
2					
合计				800	

领用人签字：张峰　　　　　　　　　　　　　　　发放人签字：飒华

图 2-18　办公用品申领单

分析过程：

（1）识别原始凭证，判断经济业务的内容。

（2）增值税专用发票和增值税普通发票的区别（见图 2-15 和图 2-17）。

（3）审核原始凭证。

【业务2-5】此业务涉及的凭证如图2-19所示。

北京增值税专用发票

No.7710205

开票日期：2020年12月23日

购买方	名称：北京晨星有限公司 纳税人识别号：91110270590544361X 地址、电话：北京市朝阳区三里屯SOHOB座12楼 010-86861234 开户行及账号：中国建设银行朝阳门支行 44258083488201546623	密码区	1*6<+81+574+9*2+/>039063/*. *0/968*624582>91*3/*1<6*422 477</42**0+7-2</24-630-39161 1+>/51433*124*+44><9/9

货物或应税劳务、服务名称	规格型号	单位	数量	单价	金额	税率	税额
A设备		台	40	5000.00	200 000.00	13%	26 000.00
合　　计					¥200 000.00		¥26 000.00

价税合计（大写）　人民币贰拾贰万陆仟元整　　　　（小写）¥226 000.00

销货方	名称：北京昊天机械制造有限责任公司 纳税人识别号：91110908045615075X 地址、电话：北京高新园创新路88号 010-88227854 开户行及账号：中国工商银行北京分行 11000760904870809 1012	备注	

收款人：田晶晶　　　复核：李乐　　　开票人：张萌　　　销货方：（章）

图2-19　增值税专用发票

分析过程：

（1）识别原始凭证，判断经济业务的内容。

（2）审核原始凭证。

【业务2-6】此业务涉及的凭证如图2-20所示。

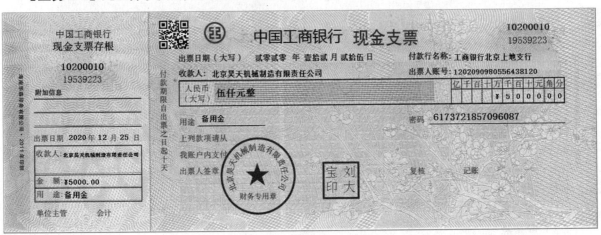

图2-20　现金支票

分析过程：
（1）识别原始凭证，判断经济业务的内容。
（2）审核原始凭证。

【业务 2-7】此业务涉及的凭证如图 2-21 和图 2-22 所示。

ICBC 中国工商银行　业务回单（收款）

日期：2020 年 12 月 28 日　　　　回单编号：80654796

付款人户名：北京晨星有限公司　　　　付款人开户行：中国建设银行朝阳门支行
付款人账号（卡号）：44258083488201546623
收款人户名：北京昊天机械制造有限责任公司　　收款人开户行：中国工商银行北京分行
收款人账号（卡号）：110007609048708091012
金额：人民币叁仟元整　　　　　　　　小写：¥3000.00 元
业务（产品）种类：跨行收款　　凭证种类：00000000　　凭证号码：00000000000000000
摘要：罚款　　　　　　　用途：罚款　　　　　　币种：人民币
交易机构：088066551　　记账柜员：00023　　交易代码：66077　　渠道：其他渠道
附言：
支付交易序号：8080912　　报文种类：00100 汇兑报文　　委托日期：2020 年 12 月 28 日
业务类型（种类）：跨行收款
收款人地址：北京高新园创新路 88 号
付款人地址：北京市朝阳区三里屯 SOHOB 座 12 楼
本回单为第 1 次打印，注意重复　　打印日期：2020 年 12 月 28 日　　打印柜员：9　　验证码：4985B3E3060

图 2-21　银行业务回单

收　据　　　　　　　No6374801

2020 年 12 月 28 日

交款单位　北京晨星有限公司
人民币（大写）　叁仟元整　　　小写：¥3000.00
收款事由　违约罚款
收款人：张飞　　　　　　　付款人：李丽

代收款凭证

图 2-22　收据

分析过程：
（1）识别原始凭证，判断经济业务的内容。
（2）审核原始凭证。

固基强技

单元二　填制和审核记账凭证

布置任务

分析北京昊天机械制造有限责任公司 2020 年 12 月发生的部分经济业务，能够根据这些业务所涉及的原始凭证，填制及审核记账凭证。

理论学习

一、记账凭证的含义和种类

（一）记账凭证的含义

记账凭证，又称作记账凭单，是指会计人员根据审核无误的原始凭证或原始凭证汇总表，按照经济业务的内容加以归类，并据以确定会计分录后所填制的会计凭证，作为登记账簿的直接依据。

◉ 提示：

记账凭证是介于原始凭证与账簿之间的中间环节，它能够把原始凭证中的一般数据转化为会计语言，是登记日记账、明细分类账和总分类账的直接依据。

知识卡片

记账凭证与原始凭证的区别

（1）填制人员不同。原始凭证由经办人员填制；记账凭证一律由会计人员填制。

（2）填制目的不同。原始凭证仅用以记录、证明经济业务已经发生或完成；记账凭证要依据会计科目对已经发生或完成的经济业务进行归类、整理、编制。

（3）填制依据不同。原始凭证是根据发生或完成的经济业务填制的，是记账凭证的附件和填制记账凭证的依据；记账凭证是根据审核后的原始凭证填制的，是登记账簿的依据。

（二）记账凭证的种类

记账凭证可按不同的标准进行分类，按用途可分为专用记账凭证和通用记账凭证；按填列方式可分为单式记账凭证和复式记账凭证。

1. 按凭证的用途分类

（1）专用记账凭证。专用记账凭证是指分类反映经济业务的记账凭证，按其反映的经济业务内容，可分为收款凭证、付款凭证和转账凭证。

① 收款凭证。收款凭证是指用于记录库存现金和银行存款收款业务的记账凭证，如图 2-23 所示。

收 款 凭 证

借方科目_____　　　　　年　月　日　　　　　____字第____号

摘要	贷 方 科 目		记账	金　额									
	总账科目	明细科目		亿	千	百	十	万	千	百	十	元	角	分
附单据　张	合　　计												

会计主管　　　记账　　　出纳　　　审核　　　制单

图 2-23　收款凭证

② 付款凭证。付款凭证是指用于记录库存现金和银行存款付款业务的记账凭证，如图 2-24 所示。

付 款 凭 证

贷方科目_____　　　　　年　月　日　　　　　____字第____号

摘要	借 方 科 目		记账	金　额									
	总账科目	明细科目		亿	千	百	十	万	千	百	十	元	角	分
附单据　张	合　　计												

会计主管　　　记账　　　出纳　　　审核　　　制单

图 2-24　付款凭证

● **提示：**

对于涉及"库存现金"和"银行存款"之间的相互划转业务，如将现金存入银行或者从银行提取现金，为了避免重复记账，一般只填制付款凭证，不再填制收款凭证。

③ 转账凭证。转账凭证是指用于记录不涉及库存现金和银行存款业务的记账凭证，如图 2-25 所示。

转 账 凭 证

年　月　日　　　　　　　　字第　　　号

摘要	总账科目	明细科目	借方金额 亿千百十万千百十元角分	贷方金额 亿千百十万千百十元角分	记账
附单据　　张	合　　计				

会计主管　　　　记账　　　　出纳　　　　审核　　　　制单

图 2-25　转账凭证

（2）通用记账凭证。通用记账凭证是指用来反映所有经济业务的记账凭证，为各类经济业务所共同使用，其格式与转账凭证基本相同，如图 2-26 所示。

记 账 凭 证

年　月　日　　　　　　　　字第　　　号

摘要	总账科目	明细科目	借方金额 亿千百十万千百十元角分	贷方金额 亿千百十万千百十元角分	记账
附单据　　张	合　　计				

会计主管　　　　记账　　　　出纳　　　　审核　　　　制单

图 2-26　记账凭证——通用记账凭证

◉ 提示：

收款凭证、付款凭证、转账凭证的划分，工作量较大，适用于规模较大、收付款业务较多的单位。对于经济业务较简单、规模较小、收付款业务较少的单位，可采用通用记账凭证来记录所有经济业务。

2．按凭证的填列方式分类

（1）单式记账凭证。单式记账凭证是指只填列经济业务所涉及的一个会计科目及其金额的记账凭证。

（2）复式记账凭证。复式记账凭证是将每一笔经济业务所涉及的全部科目及其发生额均在同一张记账凭证中反映的一种凭证。上述收款凭证、付款凭证和转账凭证，以及通用记账凭证均为复式凭证。在实务工作中，大多数企业单位采用复式记账凭证。

二、记账凭证的基本内容

记账凭证是登记账簿的依据，因其所反映经济业务的内容不同、各单位规模大小及其对会计核算繁简程度的要求不同，其内容有所差异，但应当具备如图 2-27 所示基本内容。

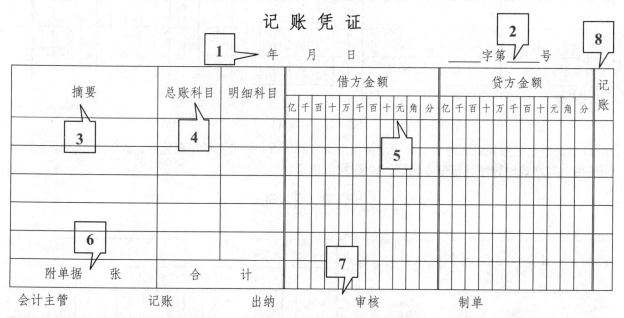

1—填制凭证的日期；2—凭证编号；3—经济业务摘要；4—会计科目；5—金额；6—所附原始凭证张数；7—填制凭证人员、稽核人员、记账人员、会计机构负责人、会计主管人员签名或者盖章，收款和付款记账凭证，还应当由出纳人员签名或者盖章；8—记账标记。

图 2-27　记账凭证的基本内容

◉ 提示：
记账凭证上的日期是指编制记账凭证的日期，而非经济业务发生的日期。

三、记账凭证的填制要求及填制方法

记账凭证填制要求

根据审核无误的原始凭证或原始凭证汇总表填制记账凭证，记账凭证填制得正确与否，直接影响整个会计系统最终提供信息的质量。与原始凭证的填制相同，记账凭证的填制也有记录真实、内容完整、手续齐全、填制及时等要求。

（一）记账凭证的填制要求

（1）记账凭证各项内容必须完整。

(2) 记账凭证的书写应当清楚、规范。

(3) 要注明所附原始凭证的张数。除结账和更正错账可以不附原始凭证外，其他记账凭证必须附原始凭证。如果根据同一原始凭证填制几张记账凭证，可以把原始凭证附在一张主要的记账凭证后面，并在其他记账凭证摘要栏注明附有该原始凭证的记账凭证的编号，或附上原始凭证的复印件。

(4) 不得随意汇编、拆编记账凭证。记账凭证可以根据每一张原始凭证填制，也可以根据若干张同类原始凭证汇总填制，还可以根据原始凭证汇总表填制，但不得将不同内容和类别的原始凭证汇总填制在一张记账凭证上。

(5) 记账凭证应连续编号。会计人员在对记账凭证进行编号时，一般以一个结账期为号码的起讫期，分别从 1 号编起：采用专用记账凭证时，可采用"字号编号法"连续编号，即收字第×号、付字第×号、转字第×号；采用通用记账凭证时，可按经济业务发生的顺序编号；如果一笔经济业务需要填制两张以上（含两张）记账凭证的，可采用"分数编号法"编号。例如，一笔转账业务需要填制三张记账凭证，凭证的连续编号为 4，则可编为

$$转字4\frac{1}{3}号，转字4\frac{2}{3}号，转字4\frac{3}{3}号$$

(6) 要正确处理填错的记账凭证。

① 已登记入账的记账凭证在当年内发现填写错误时，可以用红字填写一张与原内容相同的记账凭证，在摘要栏内注明"注销某月某日某号凭证"字样，同时再用蓝字重新填制一张正确的记账凭证，注明"订正某月某日某号凭证"字样。

② 如果会计科目没有错误，只是金额错误，按差额另编一张调整的记账凭证：调增金额用蓝字；调减金额用红字。

③ 发现以前年度记账凭证有误的，应当用蓝字填制一张更正的记账凭证。

(7) "金额"栏填写要规范，空行要划线注销。

① 填写金额时，阿拉伯数字要规范，写到格宽的 1/2，并平行对准借贷栏和科目栏，防止串行。

② 金额数字要写到分位，角分位没有数字要填上"00"，角分位的数字或零要与元位的数字平行，不得上下错开。

③ 要在"金额"合计行填写合计金额，并在前面写上"￥"符号，但若不是合计金额，则不填写货币符号。

④ 记账凭证填制完成后，如有空行，应当自金额栏最后一笔金额数字下的空行处至合计数上的空行处划线注销。

（二）记账凭证的填制方法

1. 收款凭证的填制方法

如图 2-28 所示，收款凭证左上角的"借方科目"按收款的性质填写"库存现金"或"银行存款"；日期填写的是填制本凭证的日期；右上角填写填制收款凭证的顺序号；"摘要"填写对所记录的经济业务的简要说明；"贷方科目"填写与收入"库存现金"或"银行存款"相对应的会计科目；"记账"是指该凭证已登记账簿的标记，防止经济业务重记或漏记；"金额"是指该项经济业务的发生额；该凭证中的"附件×张"或"附单据×张"是指本记账凭证所附原始凭证的张数；最下边分别由有关人员签

章，以明确经济责任。

收 款 凭 证

借方科目 <u>银行存款</u>　　　　　2020 年 12 月 03 日　　　　　银收字第 <u>03</u> 号

摘要	贷方科目		记账	金　额									
	总账科目	明细科目		亿	千	百	十	万	千	百	十	元	角	分
收到货款	应收账款	万达商贸					2	2	8	5	0	0	0
附单据 1 张	合　　计					¥	2	2	8	5	0	0	0

会计主管　　　　记账　　　　出纳　　　　审核　　　　制单

图 2-28　收款凭证的填制

2. 付款凭证的填制方法

付款凭证是根据审核无误的有关库存现金和银行存款的付款业务的原始凭证填制的。付款凭证的填制方法与收款凭证基本相同，不同的是，在付款凭证的左上角应填列贷方科目，即"库存现金"或"银行存款"科目，"借方科目"栏应填写与"库存现金"或"银行存款"相应的一级科目和明细科目，如图 2-29 所示。

付 款 凭 证

贷方科目 <u>银行存款</u>　　　　　2020 年 12 月 06 日　　　　　银付字第 <u>05</u> 号

摘要	借方科目		记账	金　额									
	总账科目	明细科目		亿	千	百	十	万	千	百	十	元	角	分
付招待费	管理费用	招待费							1	7	0	2	0	0
附单据 2 张	合　　计							¥	1	7	0	2	0	0

会计主管　　　　记账　　　　出纳　　　　审核　　　　制单

图 2-29　付款凭证的填制

◉ **提示：**

出纳人员在办理收款或付款业务后，应在原始凭证上加盖"收讫"或"付讫"的戳记，以免重收或重付。

3．转账凭证的填制方法

转账凭证通常是根据有关转账业务的原始凭证填制的，转账凭证中"总账科目"和"明细科目"栏应填写应借、应贷的总账科目和明细科目（见图2-30），借方科目应记金额应在同一行的"借方金额"栏填列，贷方科目应记金额应在同一行的"贷方金额"栏填列，"借方金额"栏合计数与"贷方金额"栏合计数应相等。

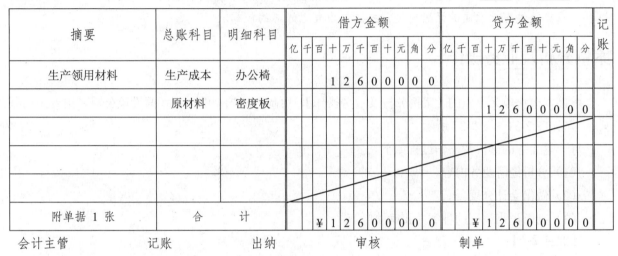

图 2-30 转账凭证的填制

◉ 提示：
通用记账凭证的填制方法与转账凭证的填制方法基本相同。

四、记账凭证的审核

为了保证会计信息的质量，在记账之前应由有关稽核人员对记账凭证进行严格的审核，审核的内容主要包括以下几项。

1．内容是否真实

审核记账凭证所记录的经济业务内容是否符合所附原始凭证内容，内容是否真实。

2．项目是否齐全

审核记账凭证中有关项目的填写是否齐全，如日期、凭证编号、摘要、会计科目、金额、所附原始凭证张数及有关人员的签章等。

3．科目是否正确

审核记账凭证的应借、应贷会计科目是否正确，是否有明确的账户对应关系，所使用的会计科目是否符合企业会计准则的规定。

4. 金额是否正确

审核记账凭证上的借贷金额是否平衡；记账凭证所记录的金额与所附原始凭证的有关金额是否一致，计算是否正确。

5. 书写是否规范、正确

审核记账凭证的书写是否符合标准、数字是否清晰、更正是否正确。

◉ 提示：

在审核过程中，若发现记账凭证记录不全或有错误，应及时查明原因，并按规定加以更正或重新填制。只有经过审核无误的记账凭证，才能作为登记账簿的依据。

案例分析及业务操作

承接本模块单元一中的【案例分析及业务操作】，填制相应的记账凭证（假设该公司采用专用记账凭证），如图 2-31～图 2-37 所示。

每一笔业务的分析及操作过程如下。

（1）分析经济业务内容。

（2）做出会计分录。

（3）判断记账凭证的种类并正确填制。

【业务 2-1】

转 账 凭 证

年　　月　　日　　　　　　　字第　　　号

摘要	总账科目	明细科目	借方金额										贷方金额										记账
			亿	千	百	十	万	千	百	十	元	角	分	亿	千	百	十	万	千	百	十	元	角	分	
附单据　　张	合　　计																							

会计主管　　　　　记账　　　　　出纳　　　　　审核　　　　　制单

图 2-31　填制转账凭证（1）

【业务2-2】

付 款 凭 证

贷方科目_____ 年 月 日 ____字第___号

摘要	借方科目		记账	金 额									
	总账科目	明细科目		亿	千	百	十	万	千	百	十	元	角	分
附单据 张	合 计													

会计主管   记账   出纳   审核   制单

图 2-32 填制付款凭证（1）

【业务2-3】

转 账 凭 证

年 月 日 ____字第____号

摘要	总账科目	明细科目	借方金额										贷方金额										记账
			亿	千	百	十	万	千	百	十	元	角	分	亿	千	百	十	万	千	百	十	元	角	分	
附单据 张	合 计																								

会计主管   记账   出纳   审核   制单

图 2-33 填制转账凭证（2）

【业务 2-4】

付 款 凭 证

贷方科目_____　　　　　　　年　月　日　　　　　　　____字第___号

摘要	借方科目		记账	金　额									
	总账科目	明细科目		亿	千	百	十	万	千	百	十	元	角	分
附单据　张	合　　计												

会计主管　　　　　记账　　　　　出纳　　　　　审核　　　　　制单

图 2-34　填制付款凭证（2）

【业务 2-5】

转 账 凭 证

年　月　日　　　　　　　　　____字第____号

摘要	总账科目	明细科目	借方金额											贷方金额											记账
			亿	千	百	十	万	千	百	十	元	角	分	亿	千	百	十	万	千	百	十	元	角	分	
附单据　张	合　　计																								

会计主管　　　　　记账　　　　　出纳　　　　　审核　　　　　制单

图 2-35　填制转账凭证（3）

【业务 2-6】

付 款 凭 证

贷方科目_____   年 月 日   ____字第___号

摘要	借方科目		记账	金 额									
	总账科目	明细科目		亿	千	百	十	万	千	百	十	元	角	分
附单据 张	合 计													

会计主管   记账   出纳   审核   制单

图 2-36 填制付款凭证（3）

【业务 2-7】

收 款 凭 证

借方科目_____   年 月 日   ____字第___号

摘要	贷方科目		记账	金 额									
	总账科目	明细科目		亿	千	百	十	万	千	百	十	元	角	分
附单据 张	合 计													

会计主管   记账   出纳   审核   制单

图 2-37 填制收款凭证

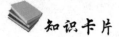

会计凭证的传递与保管

会计凭证的传递是指从会计凭证的取得或填制时起至归档保管过程中,在单位内部有关部门和人员之间的传送程序。会计凭证的传递,应当满足内部控制制度的要求,使传递程序合理有效,同时尽量节约传递时间,减少传递的工作量。各单位应根据具体情况确定每一种会计凭证的传递程序和方法,会计凭证的传递具体包括传递程序和传递时间。各单位应根据经济业务特点、内部机构设置、人员分工和管理要求,具体规定各种凭证的传递程序;根据有关部门和经办人员办理业务的情况,确定凭证的传递时间。

会计凭证的保管是指会计凭证记账后的整理、装订、归档和存查工作。会计凭证作为记账的依据,是重要的会计档案和经济资料。本单位以及其他有关单位,可能因为各种需要查阅会计凭证,特别是发生贪污、盗窃、违法乱纪行为时,会计凭证还是依法处理的有效证据。因此,任何单位在完成经济业务手续和记账后,必须将会计凭证按规定的立卷归档制度形成会计档案资料,妥善保管,防止丢失,不得任意销毁,以便日后随时查阅。

某明星偷税漏税案

2018年6月初,群众举报某明星"阴阳合同"涉税问题后,国家税务总局高度重视,即责成某地税务机关依法开展调查核实,目前案件事实已经查清。从调查核实情况看,该明星在某电影拍摄过程中实际取得片酬3000万元,其中1000万元已经申报纳税,其余2000万元以拆分合同方式偷逃个人所得税618万元,少缴税金及附加112万元,合计730万元。此外,还查出该明星及其担任法定代表人的企业少缴税款2.48亿元,其中偷逃税款1.34亿元。对于上述违法行为,根据国家税务总局指定管辖,相关税务局依据《中华人民共和国税收征收管理法》第三十二条、第五十二条的规定,对该明星及其担任法定代表人的企业追缴税款2.55亿元,加收滞纳金0.33亿元;依据《中华人民共和国税收征收管理法》第六十三条的规定,对该明星采取拆分合同手段隐瞒真实收入偷逃税款处4倍罚款计2.4亿元,对其利用工作室账户隐匿个人报酬的真实性质偷逃税款处3倍罚款计2.39亿元;对其担任法定代表人的企业少计收入偷逃税款处1倍罚款计94.6万元;依据《中华人民共和国税收征收管理法》第六十九条和《中华人民共和国税收征收管理法实施细则》第九十三条的规定,对其担任法定代表人的两家企业未代扣代缴个人所得税和非法提供便利协助少缴税款各处0.5倍罚款,分别计0.51亿元、0.65亿元。依据《中华人民共和国行政处罚法》第四十二条及某省行政处罚听证程序规则的相关规定,9月26日,某省税务局依法先向该明星下达《税务行政处罚事项告知书》,对此该明星未提出听证申请。9月30日,某省税务局依法已向该明星正式下达《税务处理决定书》和《税务行政处罚决定书》,要求其将追缴的税款、滞纳金、罚款在收到上述处理处罚决定后在规定期限内缴清。依据《中华人民共和国刑法》第二百零一条的规定,由于该明星属于首次被税务机关按偷税予以行政处罚且此前未因逃避缴纳税款受过刑事处罚，上述定性为偷税的税款、滞纳金、罚款在税务机关下达追缴通知后在规定期限内缴纳的，依法不予追究刑事责任。超过规定期限不缴纳税款和滞纳金、不接受行政处罚的，税务机关将依法移送公安机关处理。经查，2018年6月，在税务机关对该明星及其经纪人所控制的相关公司展开调查期间，该经纪人指使公司员工隐匿、故意销毁涉案公司会计凭证、会计账簿，阻挠税务机关依法调查，涉嫌犯罪。现该经纪人已被公安机关依法采取强制措施，案件正在进一步侦查中。

思考：你如何看待某明星偷税漏税案？授意、指使、强令会计机构、会计人员及其他人员伪造、变造会计凭证、会计账簿，编制虚假财务会计报告或者隐匿、故意销毁依法应当保存的会计凭证、会计账簿、财务会计报告的，应承担什么样的法律责任？

模块总结

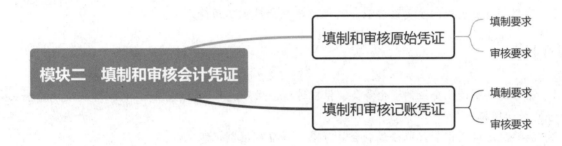

模块三　核算企业日常业务

知识目标

1. 了解制造业企业的生产经营过程；
2. 熟悉制造业企业的资金筹集、供应过程、生产过程、销售过程、财务成果形成及分配等主要经济业务的内容；
3. 熟悉制造业企业的主要经济业务所涉及账户的结构及用途。

能力目标

1. 能够识别制造业企业的资金筹集、供应过程、生产过程、销售过程、利润形成及分配等主要经济业务的原始凭证；
2. 能够熟练运用借贷记账法编制会计分录，并准确填制记账凭证；
3. 能够熟练计算一般制造业企业的材料采购成本、产品生产成本和销售成本；
4. 能够熟练计算一般制造业企业的营业利润、利润总额和净利润。

案例背景

北京昊天机械制造有限责任公司为增值税一般纳税人，增值税税率为13%，城市维护建设税税率为7%，教育费附加税率为3%，企业所得税税率为25%。

北京昊天机械制造有限责任公司2020年12月发生以下经济业务。

【业务3-1】2020年12月1日，北京昊天机械制造有限责任公司接受北京寰球冶金机械集团有限公司投入货币资金26 000 000元，公司已如期收到投资者一次缴足的款项。

【业务3-2】2020年12月1日，北京昊天机械制造有限责任公司接受北京光明矿业有限公司投入生产设备一台，双方确认的价值为13 800 000元（不考虑增值税），双方约定的价值即为投资者在本企业注册资本中所占的份额，公司已如期收到设备，并验收投入使用。

【业务3-3】2020年12月1日，北京昊天机械制造有限责任公司向中国工商银行北京海淀支行借入500 000元，存入分行营业部账户。借款期限为10个月，年利息率为12%。

【业务3-4】2020年12月3日，北京昊天机械制造有限责任公司向北京金达有限金属有限公司购入甲材料10 000kg，单价30元，价款总计300 000元，增值税进项税额为39 000元，运费4000元，运费增值税为360元，款项以银行存款支付，材料已验收入库。

【业务3-5】2020年12月5日，北京昊天机械制造有限责任公司向北京新兴金属有限公司购入甲材料2000kg，单价30元，价款总计60 000元，增值税进项税额为7800元；购入乙材料3000kg，单价50元，价款总计150 000元，增值税进项税额为19 500元。款项未支付，材料尚未运到。

【业务3-6】2020年12月6日，北京昊天机械制造有限责任公司签发转账支票支付上述甲、乙材料的运费5000元及运费增值税450元，运费按照两种材料的重量比例分配。

【业务3-7】2020年12月6日，上述两种材料运到企业并已经验收入库，结转入库材料的实际采购成本。

【业务3-8】2020年12月7日，北京昊天机械制造有限责任公司向北京吉祥公司预付购买丙材料的货款80 000元。（转账支票存根）

【业务3-9】2020年12月10日，北京昊天机械制造有限责任公司向北京力通设备有限公司购入不需要安装即可投入使用的设备一台，增值税专用发票上注明买价200 000元，增值税税率为13%，增值税税额为26 000元，以银行存款转账支付。设备已经投入使用。

【业务3-10】2020年12月11日，北京昊天机械制造有限责任公司向北京吉祥公司购买的丙材料5000kg，单价18元，价款总计90 000元，增值税进项税额为11 700元，材料已经验收入库，余款尚未结清。

【业务3-11】2020年12月14日，领用甲材料4000kg，成本为30元/kg；乙材料3000kg，成本为50元/kg；丙材料5000kg，成本为18元/kg，价值共360 000元，其中：生产A设备耗用150 000元，生产B设备耗用180 000元，车间一般耗用20 000元，厂部行政管理部门耗用5000元，销售部门耗用5000元。

【业务3-12】2020年12月25日，结算本月应付职工薪酬500 000元，其中生产A设备的工人工资53 600元，生产B设备的工人工资120 000元，车间管理人员工资50 000元，厂部行政管理人员工资100 000元，专设销售机构人员工资176 400元。

【业务3-13】2020年12月31日，计提本月固定资产折旧12 000元，其中车间固定资产折旧6000元，厂部行政管理部门固定资产折旧4000元，专设销售机构固定资产折旧2000元。

【业务3-14】12月20日，北京昊天机械制造有限责任公司开出转账支票支付本月电费20 000元，增值税2600元。其中基本生产车间耗电10 000元，厂部行政管理部门耗电8000元，专设销售机构耗电2000元。

【业务3-15】2020年12月21日，北京昊天机械制造有限责任公司开出转账支票购买零星办公用品1200元，其中基本生产车间耗用800元，厂部行政管理部门耗用400元。

【业务3-16】2020年12月31日，按照A、B设备生产工人工资比例分配本月的制造费用。

【业务3-17】2020年12月31日，本月A设备300台全部未完工，B设备100台全部完工，并已验收入库。（注：A设备与B设备均无月初在产品）

【业务3-18】2020年12月22日，采购员李强出差回来，报销差旅费5230元（李强用自己的信用卡垫付）。

【业务3-19】2020年12月23日，北京昊天机械制造有限责任公司签发转账支票，用以支付产品广告费10 000元，增值税600元。

【业务3-20】2020年12月23日，北京昊天机械制造有限责任公司向北京晨星有限公司销售A设备40台，每台售价5 000元，共计价款200 000元，增值税26 000元，设备已经发出，款项尚未收到。

【业务3-21】2020年12月23日，北京昊天机械制造有限责任公司预收北京黄海有限公司购买B设备的货款800 000元。

【业务3-22】2020年12月24日，向北京晨星有限公司销售多余丙材料500kg，单价20元，共计价款10 000元，增值税1300元，款已收到并存入银行。

【业务3-23】2020年12月24日，结转出售丙材料的成本，成本为18元/kg，总成本9000元。

【业务3-24】2020年12月29日，北京昊天机械制造有限责任公司销售给北京黄海有限公司B设备 90 台，每台售价 12 000 元，价款 1 080 000 元，增值税 140 400 元，共计 1 220 400 元，余款尚未结清。

【业务 3-25】2020 年 12 月 31 日，计提本月短期借款利息 5000 元。

【业务 3-26】2020 年 12 月 31 日，结转已销售产品的生产成本。本月销售 A 设备 40 台，每台成本 1500 元，B 设备 90 台，每台成本 3600 元。

【业务 3-27】2020 年 12 月 31 日，计算本月应交城市维护建设税和教育费附加。

【业务 3-28】2020 年 12 月 26 日，董事会决议向希望工程捐款 10 000 元，开出转账支票付讫。

【业务 3-29】2020 年 12 月 28 日，北京昊天机械制造有限责任公司收到中兴公司违约罚款 3000 元。

【业务 3-30】2020 年 12 月 31 日，结转损益类账户至"本年利润"。

【业务 3-31】2020 年 12 月 31 日，计算并结转企业所得税费用。

【业务 3-32】2020 年 12 月 31 日，将"所得税费用"账户转至"本年利润"账户。

【业务 3-33】2020 年 12 月 31 日，将"本年利润"账户余额转至"利润分配——未分配利润"账户。

【业务 3-34】2020 年 12 月 31 日，按税后利润的 10%提取法定盈余公积金。

【业务 3-35】2020 年 12 月 31 日，股东大会决议向投资者宣告分配现金股利 30 000 元。

【业务 3-36】2020 年 12 月 31 日，将"利润分配"账户所属的各明细分类账户的借方合计数结转到"利润分配——未分配利润"明细账的借方。

单元一 筹集资金业务的核算

布置任务

分析北京昊天机械制造有限责任公司 2020 年 12 月发生的【业务 3-1】~【业务 3-3】，根据资金筹集业务的相关理论知识，识别这三项业务的原始凭证，并正确地填制记账凭证，从而完成账务处理。

理论学习

筹集资金是企业资金运动的起点，也是企业从事生产经营活动的前提条件。企业进行生产经营活动必须拥有一定数量的资金。制造业企业的筹资渠道主要有两个：一是投资者投入的资金，形成企业的所有者权益（通常称为权益资本）；二是从债权人处借入的资金（通常称为债务资本）。

一、投资者投入资金的核算

（一）投入资本概述

我国相关法律制度规定，投资者设立企业首先必须投入资本。按照投资主体的不同，投入资本可以分为国家资本金、法人资本金、个人资本金和外商资本金等。投资的方式有货币投资、实物投资和无形资产投资等。所有者投入的资本主要包括实收资本（或股本）和资本公积。

◉ 提示：

投资者投入企业的资本，在企业经营期内，除法律、法规另有规定外，投资者不得以任何方式抽回。

(二)投入资本核算的账户设置

1. "实收资本(或股本)"账户

(1) 性质:属于所有者权益类账户。

(2) 用途:用以核算企业的投资者按照企业章程、合同或协议的约定,实际投入企业的资本金,以及按照有关规定由资本公积、盈余公积等转增资本的资金。

(3) 结构:如图3-1所示。

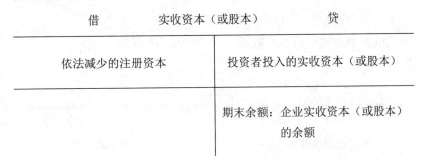

图 3-1 "实收资本(或股本)"账户结构

(4) 明细:可按投资者进行明细分类核算。

2. "资本公积"账户

(1) 性质:属于所有者权益类账户。

(2) 用途:用以核算企业收到投资者出资额超出其在注册资本或股本中所占份额的部分,以及直接计入所有者权益的利得和损失等。

(3) 结构:如图3-2所示。

图 3-2 "资本公积"账户结构

(4) 明细:可按资本公积的来源不同,分别"资本溢价(或股本溢价)""其他资本公积"进行明细核算。

二、借入资金的核算

(一)借入资本概述

从债权人处借入的资金主要包括短期借款、长期借款以及结算形成的负债等。

短期借款是指企业为了满足其生产经营对资金的临时性需要，而向银行或其他金融机构等借入的偿还期限在一年以内（含一年）的各种借款。

长期借款是指企业向银行或其他金融机构等借入的偿还期限在一年以上（不含一年）的各种借款。结算形成的负债主要有应付账款、应付职工薪酬、应交税费等。

（二）账户设置

1. "短期借款"账户

（1）性质：属于负债类账户。

（2）用途：用以核算企业短期借款的取得、偿还和结存的情况。

（3）结构：如图3-3所示。

借　　　　短期借款　　　　贷	
偿还的短期借款本金	借入的各种短期借款本金
	期末余额：企业尚未偿还的短期借款本金

图3-3　"短期借款"账户结构

（4）明细：该账户可按借款种类、贷款人和币种进行明细核算。

2. "应付利息"账户

（1）性质：属于负债类账户。

（2）用途：用以核算企业按照合同约定应支付的利息，包括吸收存款、分期付息到期还本的长期借款、企业债券等应支付的利息。

（3）结构：如图3-4所示。

借　　　　应付利息　　　　贷	
支付减少的利息	应该支付的利息
	期末余额：尚未支付的利息

图3-4　"应付利息"账户结构

（4）明细：可按借款人设置明细账，进行明细分类核算。

3. "财务费用"账户

（1）性质：属于损益类账户。

（2）用途：用以核算企业为筹集生产经营所需资金等而发生的筹资费用，包括利息支出（减利息收入）、汇兑损益以及相关的手续费、企业发生的现金折扣或收到的现金折扣等。

（3）结构：如图3-5所示。

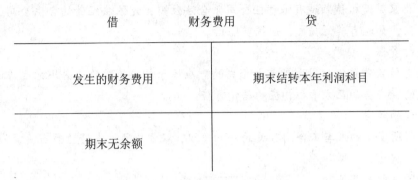

图3-5 "财务费用"账户结构

（4）明细：该账户可按费用项目进行明细核算。

案例分析及业务操作

【业务3-1】接受货币资金投资，涉及的凭证如图3-6和图3-7所示。

投资入股协议书

本协议的投资方分别为：
甲方：北京昊天机械制造有限责任公司　　　　　　**乙方**：北京寰球冶金机械集团有限公司

甲、乙双方一致认同，乙方作为新的投资人与甲方共同经营北京昊天机械制造有限责任公司（以下简称"公司"），成为该公司股东。双方本着互利互惠、共同发展的原则，经充分协商，依据《中华人民共和国公司法》以及相关法律法规的规定，特订立本协议。各方按如下条款，享有权利，履行义务。

第一条　出资金额、方式、期限

乙方以货币方式出资，出资金额为人民币2600万元（人民币贰仟陆佰万元整），所占份额为5.65%。增加出资之后，企业的注册资本金为46 000万元。乙方根据公司建设厂房、采购设备的进度以及正常的流动资金需求情况适时地向公司注入以上出资。

乙方在成为公司股东之后，依上述两项约定履行出资义务。

第二条　入股及股份的转让

依法履行了法定入股程序后，方视为乙方业已入股，成为公司股东。乙方转让股份，须提前两个月通知甲方，且履行相应的法律程序。

第三条　股东（乙方）的权利及义务

1. 依据公司章程享有股东权利，承担股东义务。
2. 依据出资比例享有公司利润，承担公司亏损。
3. 对成为公司股东之前的公司经营利润不享有任何权益、对营业损失及债务亦不承担任何责任；乙方成为公司股东之后，若由于公司清偿乙方成为股东之前的债务致使乙方遭受损失的，由甲方向乙方承担赔偿责任。

4. 全面负责公司的财务和业务工作。
5. 应按本协议书的约定及时支付相应款项。

第四条 承诺

甲方承诺，北京昊天机械制造有限责任公司系合法注册，是依法经营的合法公司，否则，向乙方承担缔约过失责任，如还有其他损失，应据实赔偿。

第五条 违约责任

乙方若迟延支付款项致使公司遭受重大损失的，应给予相应的赔偿；若甲方因重大过错，致使公司遭受资金损失的，应当向乙方承担相应的赔偿责任。

第六条 争议的解决

因执行本合同所发生的或与本合同有关的一切争议，双方应通过友好协商解决，如协商不能解决，应向有管辖权的法院起诉。

第七条 合同生效及其他

本协议未尽事宜，双方应共同协商，并且须签订补充协议。
本协议书共两份，双方各一份。自双方签字之日起生效。

签字日期：2020 年 12 月 01 日

乙方（签章）：
签字日期：2020 年 12 月 01 日

ICBC 中国工商银行 业务回单（收款）

日期：2020 年 12 月 01 日　　回单编号：12338924

付款人户名：北京寰球冶金机械集团有限公司　　付款人开户行：中国工商银行北京分行

付款人账号（卡号）：6222023803658955412

收款人户名：北京昊天机械制造有限责任公司　　收款人开户行：中国工商银行北京分行

收款人账号（卡号）：1100076090487080911012

金额：人民币贰仟陆佰万元整　　　　小写：¥26 000 000.00

业务（产品）种类：同行收款　　凭证种类：00000000　　凭证号码：00000000000000000

摘要：投资款　　用途：投资款　　币种：人民币

交易机构：0410000298　　记账柜员：00023　　交易代码：52063　　渠道：其他渠道

附言：

支付交易序号：5894928　　报文种类：00100 汇兑报文　　自助打印日期：2020 年 12 月 01 日

业务类型（种类）：同行收款

收款人地址：北京高新园创新路 88 号

付款人地址：北京创业园鹤山路 72 号

本回单为第 1 次打印，注意重复　　打印日期：2020 年 12 月 01 日　　打印柜员：9　　验证码：4985B3E3060

图 3-6　收款业务回单

模块三 核算企业日常业务

会计人员编制会计分录：
借：银行存款　　　　　　　　　　　　　　　　　　　　　　　　26 000 000
　　贷：实收资本——北京寰球冶金机械集团有限公司　　　　　　26 000 000

记 账 凭 证
　　　　　　　　　　　　　年　　月　　日　　　　　　　　　　　　___字第___号

摘要	总账科目	明细科目	借方金额 亿千百十万千百十元角分	贷方金额 亿千百十万千百十元角分	记账
附单据　　张		合　计			

会计主管　　　　　记账　　　　　出纳　　　　　审核　　　　　制单

图 3-7　记账凭证

【业务 3-2】接受固定资产投资，涉及的凭证如图 3-8 和图 3-9 所示。

股东会议决定

北京昊天机械制造有限责任公司于 2020 年 12 月 01 日在北京高新园创新路 88 号公司会议室召开股东会议，本次会议已按《中华人民共和国公司法》规定，以书面通知形式，于本会议召开前 15 天通知全体股东，出席股东许建辉、郑化所持有股权数量占全体股权的 70%；投支持票股权占出席股权的 100%。会议通过以下决议：

一、同意北京光明矿业有限公司以固定资产方式出资价值人民币 1380 万元，投资参股北京昊天机械制造有限责任公司，所占份额为 3%。增加出资之后，企业的注册资本金为 46 000 万元。

二、修改公司章程相关条款。

　　　　　　　　　　　　　　　　　　　　　　　　　　　　股东签章：许建辉
　　　　　　　　　　　　　　　　　　　　　　　　　　　　股东签章：郑化
　　　　　　　　　　　　　　　　　　　　　　　　　　　　日期：2020 年 12 月 01 日

固定资产投资入股协议

本协议的投资方分别为：
甲方：北京昊天机械制造有限责任公司　　　　　　　乙方：北京光明矿业有限公司
法定代表人：许建辉　　　　　　　　　　　　　　　法定代表人：马化云
甲、乙双方一致认同，乙方作为新的投资人与甲方共同经营北京昊天机械制造有限责任公司（以下简称"公司"），成为该公司股东。双方本着互利互惠、共同发展的原则，经充分协商，依据《中华人民共和国公司法》以及相关法律法规的规定，特订立本协议。各方按如下条款，享有权利，履行义务。

第一条　出资金额、方式、期限

乙方以固定资产方式出资，固定资产价值为1380万元，所占份额为3%。

乙方根据公司业务拓展需要适时地向公司注入以上出资。乙方在成为公司股东之后，依上述两项约定履行出资义务。

第二条　入股及股份的转让

依法履行了法定入股程序后，方视为乙方已入股，成为公司股东。乙方转让股权，须提前两个月通知甲方，且履行相应的法律程序。

第三条　股东（乙方）的权利及义务

1. 依公司章程享有股东权利，承担股东义务。
2. 依据3%的出资比例享有公司利润，承担公司亏损。
3. 对成为公司股东之前的公司经营利润不享有任何权益，对营业损失及债务亦不承担任何责任；乙方成为公司股东之后，若由于公司清偿乙方成为股东之前的债务致使乙方遭受损失的，由甲方向乙方承担赔偿责任。
4. 全面负责公司的财务和业务工作。
5. 应按本协议书的约定及时支付相应款项。

第四条　承诺

甲方承诺，北京昊天机械制造有限责任公司系合法注册，是依法经营的合法公司，否则，向乙方承担缔约过失责任，如还有其他损失，应据实赔偿。

第五条　违约责任

乙方若迟延支付款项致使公司遭受重大损失的，应给予相应的赔偿；若甲方因重大过错，致使公司遭受资金损失的，应当向乙方承担相应的赔偿责任。

第六条　争议的解决

因执行本合同所发生的或与本合同有关的一切争议，双方应通过友好协商解决，如协商不能解决，应向有管辖权的法院起诉。

第七条　合同生效及其他

本协议未尽事宜，双方应共同协商，并且须签订补充协议。

本协议书共两份，双方各一份。自双方签字之日起生效。

甲方：北京昊天机械制造有限责任公司

法定代表人：李建峰

签字日期：2020年12月01日

乙方：北京光明矿业有限公司

法定代表人：张化云

签字日期：2020年12月01日

固定资产验收单

2020 年 12 月 01 日

资产编号	005			资产来源	投入		
名称	生产设备			规格型号		购（造）价/元	13 800 000.00
安装费/元		使用年限/年	15	预计残值率	5%	预计残值/元	690 000.00
建造单位				交工日期			
验收部门	生产部	验收人员	张峰	管理部门	生产部	管理人员	柳林
备注							

审核：[签章]　　制表：[签章]

图 3-8　固定资产验收单

会计人员编制记账凭证：
借：固定资产　　　　　　　　　　　　　　　　　　　　　13 800 000
　　贷：实收资本——北京光明矿业有限公司　　　　　　　　　13 800 000

记 账 凭 证

年　月　日　　　　　　　　　____字第____号

摘要	总账科目	明细科目	借方金额										贷方金额										记账
			亿	千	百	十	万	千	百	十	元	角	分	亿	千	百	十	万	千	百	十	元	角	分	
附单据　　张		合　　计																						

会计主管　　　　　记账　　　　　出纳　　　　　审核　　　　　制单

图 3-9　记账凭证

【业务 3-3】取得短期借款，涉及的凭证如图 3-10 和图 3-11 所示。

借款合同

贷款方：中国工商银行北京海淀支行

借款方：北京昊天机械制造有限责任公司

借款方为补充生产经营流动资金，现向贷款方申请贷款，贷款方已审查批准，经双方协商特定立此合同，以便共同遵守。

第一条　贷款种类：信用贷款。

第二条　借款用途：补充生产经营流动资金。

第三条　借款金额：500 000.00 元（人民币伍拾万元整）。

第四条　借款利率：12.00%，按月计息，到期还本，如遇国家调整利率，按新规定计息。

第五条　借款和还款期限：借款时间共壹拾个月，自 2020 年 12 月 01 日至 2021 年 09 月 30 日止。

贷款方：（签章）　　　　　　　　　　　　　借款方：（签章）

法人代表：张国娃　　　　　　　　　　　　　法人代表：

地址：北京市海淀区中关村东路甲 100 号 3 楼　地址：北京高新区创新路 88 号

银行账号：11007501807840891045　　　　　　银行账号：11007609048708091012

借款借据（入账通知）

单位编号：JZ861128　　　借款日期　2020 年 12 月 01 日　　　借据编号 00246511

收款单位	名称	北京昊天机械制造有限责任公司	付款单位	名称	中国工商银行北京海淀支行
	账号	11007609048708091012		账号	11007501807840891045
	开户银行	中国工商银行北京分行		开户银行	中国工商银行北京海淀支行

借款金额（大写）：人民币伍拾万元整　　　　　　（小写）：¥500 000.00

	借款原因及用途	补充生产经营流动资金	借款计划指标	普通借款
		借款期限		你单位上列借款，已转入你单位结算户内，借款到期时由我行按期自你单位结算转还。
期次	计划还款期	计划还款金额		
1	2021 年 9 月 30 日	500 000.00	✓	此致 借款单位

（银行盖章）中国工商银行北京分行 2020.12.01 转账

图 3-10　借款借据

会计人员编制会计分录：

借：银行存款　　　　　　　　　　　　　　　　　　　　　　　　　500 000

　　贷：短期借款　　　　　　　　　　　　　　　　　　　　　　　　500 000

记 账 凭 证

年　月　日　　　　　　　　　　　　　____字第____号

摘要	总账科目	明细科目	借方金额 亿千百十万千百十元角分	贷方金额 亿千百十万千百十元角分	记账
附单据　　张	合　　计				

会计主管　　　　　记账　　　　　出纳　　　　　审核　　　　　制单

图 3-11　记账凭证

单元二　供应过程的核算

布置任务

分析北京昊天机械制造有限责任公司 2020 年 12 月发生的【业务 3-4】～【业务 3-10】，根据采购业务的相关理论知识，识别这些业务的原始凭证，并正确地填制记账凭证，从而完成账务处理。

理论学习

供应过程是制造业企业经营活动的起点，又称作采购过程，在这一过程中，企业要用货币资金建造或购买厂房、机器设备和各种材料物资，完成生产准备过程。同时企业要支付价款和税款，以及支付采购费用，还要与供应单位发生货款结算业务。资金形态从货币资金形态转化为储备资金形态。

供应过程核算内容主要包括购置固定资产和采购材料物资，同时要计算固定资产成本和材料采购成本。

一、固定资产成本的确定

（一）固定资产的特征

固定资产是指同时具有以下特征的有形资产。

（1）为生产商品、提供劳务、出租或经营管理持有。

(2)使用寿命超过一个会计年度。

（二）固定资产成本的确定

企业外购的固定资产，应按实际支付的购买价款、相关税费、使用固定资产达到预定可使用状态前所发生的可归属于该项资产的运输费、装卸费、安装费和专业人员服务费等，作为固定资产的取得成本。其中，相关税费不包括按照现行增值税制度规定，可以从增值税销项税额中抵扣的增值税进项税额。

二、材料采购成本的确定

$$材料的采购成本=材料买价+采购税费 \tag{3.1}$$

采购费用的构成如图 3-12 所示。

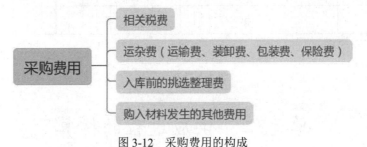

图 3-12　采购费用的构成

$$采购费用分配率=\frac{采购费用总额}{各种材料的重量（或体积、买价）之和} \tag{3.2}$$

某材料应负担的采购费用=该材料的重量（或体积、买价）×采购费用分配率

三、账户设置

（一）"固定资产"账户

（1）性质：属于资产类账户。
（2）用途：核算企业固定资产的原价。
（3）结构：如图 3-13 所示。

图 3-13　"固定资产"账户结构

（4）明细：企业应当设置"固定资产登记簿"和"固定资产卡片"，按照固定资产类别、使用部门和每项固定资产进行明细核算。

（二）"在途物资"账户

（1）性质：属于资产类账户。

（2）用途：企业采用实际成本（或进价）进行材料、商品等物资的日常核算，价款已付尚未验收入库的在途物资的采购成本核算。

（3）结构：如图3-14所示。

图3-14 "在途物资"账户结构

（4）明细：按供应单位和物资品种设置明细分类账，进行明细核算。

（三）"原材料"账户

（1）性质：属于资产类账户。

（2）用途：用来核算库存各种原材料收入、发出及结存情况。

（3）结构：如图3-15所示。

图3-15 "原材料"账户结构

（4）明细：按材料的保管地点（仓库）、类别、品种和规格等设置明细账，进行明细核算。

（四）"应付账款"账户

（1）性质：属于负债类账户。

（2）用途：核算企业因购买材料、商品和接受劳务等经营活动应支付的款项。

（3）结构：如图3-16所示。

（4）明细：按债权人设置明细账户，进行明细核算。

借 应付账款 贷
支付的应付账款	因购买材料、商品和接受劳务等尚未支付的款项
	期末余额：期末尚未支付的应付账款

图 3-16 "应付账款"账户结构

（五）"预付账款"账户

（1）性质：属于资产类账户。

（2）用途：用来核算企业因购买材料和接受劳务等经营活动而预付给供应单位的款项。

（3）结构：如图 3-17 所示。

借 预付账款 贷
预付的款项及补付的款项	收到所购物资时计入"原材料"等科目的金额及收回多付款的金额
期末余额：企业实际预付的款项	期末余额：企业应付或补付的款项

图 3-17 "预付账款"账户结构

（4）明细：按供应单位名称设置明细分类账户，进行明细核算。

（六）"应付票据"账户

（1）性质：属于负债类账户。

（2）用途：核算企业对外发生债务时所开出、承兑的商业汇票。

（3）结构：如图 3-18 所示。

借 应付票据 贷
到期支付商业汇票的金额	开出、承兑商业汇票的面值
	期末余额：尚未到期兑付的商业汇票的票面金额

图 3-18 "应付票据"账户结构

（4）明细：按供应单位名称设置明细分类账户，进行明细核算。

（七）"应交税费——应交增值税"账户

（1）性质：该账户属于负债类账户。

（2）用途：用来核算企业增值税的明细账户，其下设"进项税额"和"销项税额"等专栏。

（3）结构：如图3-19所示。

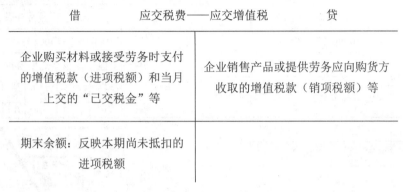

图3-19 "应交税费——应交增值税"账户结构

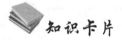

增值税小知识

增值税是以商品（含应税劳务、应税行为）在流转过程中实现的增值额为计税依据而征收的一种流转税，在我国境内销售货物或者提供加工、修理修配劳务、销售服务、无形资产、不动产以及进口货物的单位和个人，为增值税的纳税人。根据纳税人的经营规模以及会计核算健全程度的不同，增值税的纳税人可以分为一般纳税人和小规模纳税人。

一般纳税人通常采用"购进扣税法"计算增值税应纳税额，可以依法使用增值税专用发票；适用税率分为13%、9%、6%和0四档。增值税实行价外计税，即以不含增值税税金的价格为计税依据，价外税由购买方负担，由销售方按销售额的一定百分比计算，并作为销售额以外的附加代政府向购货方收取，以后集中缴纳。增值税对于一般纳税人来说，其当期应纳税额=当期销项税额-当期准予抵扣的进项税额；当期销项税额=不含增值税销售额×适用税率=含增值税销售额÷(1+适用税率)×适用税率。其中，增值税销项税额是指企业销售商品或提供劳务时向购买方收取的增值税；增值税进项税额是指企业购入商品或劳务时向销货方或劳务提供方支付的增值税。销售额如果包含了增值税额，则应换算为不含税销售额，即销售额=含税销售额÷(1+税率)。增值税账务处理方法如下：一般纳税人企业在"应交税费"科目下设"应交增值税"明细科目，在"应交增值税"明细账中应设置"进项税额""销项税额""已交税金""进项税额转出""转出未交增值税""出口退税"等专栏，并采用多栏式明细账。

小规模纳税人一般只能使用普通发票，实行按征收率计算的简易征管办法，购进货物或应税劳务不得抵扣进项税额，适用3%的征收率，只设置"应交税费——应交增值税"二级明细科目，不再设置专栏。

案例分析及业务操作

【业务 3-4】 货款已经支付,材料已验收入库,涉及的凭证如图 3-20～图 3-27 所示。

中国工商银行进 账 单(回 单)1

2020 年 12 月 03 日

出票人	全称	北京昊天机械制造有限责任公司	收款人	全称	北京金达有限金属有限公司
	账号	1100076090487080910 12		账号	1100076323130010789 67
	开户银行	中国工商银行北京分行		开户银行	中国工商银行北京西城支行

金额	人民币(大写)叁拾叁万玖仟元整	亿千百十万千百十元角分
		¥ 3 3 9 0 0 0 0 0

票据种类	转账支票	票据张数	壹张
票据号码		64654335	

复核: 　　　　　　记账:

开户银行签章

此联是开户银行交给持票人的回单

图 3-20 进账单(1)

北京增值税专用发票

发票联

No.37859002

开票日期:2020 年 12 月 03 日

购买方	名称: 北京昊天机械制造有限责任公司 纳税人识别号:91110908045615075X 地址、电话:北京高新园创新路 88 号 010-88227854 开户行及账号:中国工商银行北京分行 1100076090487080910 12	密码区	1*6<+81+574+9*2+/>039063/*. *0/968*624582>91*3/*1<6*422 477</42**0+7-2</24-630-39161 1+>/51433*124*5+44><9/9

货物或应税劳务、服务名称	规格型号	单位	数量	单价	金额	税率	税额
甲材料		kg	10 000	30.00	300 000.00	13%	39 000.00
合　　计					¥300 000.00		¥39 000.00

价税合计(大写)	人民币叁拾叁万玖仟元整	(小写)¥339 000.00

销货方	名称: 北京金达有限金属有限公司 纳税人识别号:91110270590544459X 地址、电话:北京家乐园黄山路 46 号 010-35466666 开户行及账号:中国工商银行北京西城支行 1100076323130010789 67	备注	

收款人:张佳　　　复核:刘明　　　开票人:王红　　　销货方:(章)

第三联:发票联购买方记账凭证

图 3-21 增值税专用发票(1)

销售单 2

No: 01237504

客户名称：北京昊天机械制造有限责任公司　　　　2020 年 12 月 03 日

品名	规格	单位	单价	数量	金额
甲材料		kg	30.00	10 000	300 000.00

总计金额（大写）：人民币叁拾万元整　　　　￥300 000.00

信用审批：　　　业务主管：　　　经办人：

第二联：客户联

图 3-22　销售单

入 库 单

No: 43211411

交货单位：北京金达有限金属有限公司　　　　2020 年 12 月 03 日

品名	单位	规格	数量	单价	金　　　　额								
					千	百	十	万	千	百	十	元	角	分
甲材料	kg		10 000	30.40	￥	3	0	4	0	0	0	0	0	0

合计大写：人民币叁拾万零肆仟元整　　　　￥304 000.00

记账：　　　保管：　　　制票：

第二联：会计联

图 3-23　入库单

付款申请单

申请部门：采购部　　　　　　　　　　　　　　2020 年 12 月 03 日

收款单位名称（全称）	付款事由（用途）	金额	付款方式
北京金达有限金属有限公司	购买甲材料	343 360.00	转账
备注			
合计金额（大写）	人民币叁拾肆万叁仟叁佰陆拾元整	合计金额（小写）	343 360.00
发票种类	增值税专用发票	款项所属账期	2020 年 12 月

总经理：　　　审批：　　　财务：　　　主管：　　　经办：

图 3-24　付款申请单

河北增值税专用发票

No.5178966

开票日期：2020 年 12 月 03 日

购买方	名称：北京昊天机械制造有限责任公司 纳税人识别号：91110908045615075X 地址、电话：北京高新园创新路 88 号 010-88227854 开户行及账号：中国工商银行北京分行 11000760904870809101 2	密码区	1*6<+81+574+9*2+/>039063/*. *0/968*624582>91*3/*1<6*422 477</42**0+7-2</24-630-39161 1+>/51433*124*5+44><9/9

货物或应税劳务、服务名称	规格型号	单位	数量	单价	金额	税率	税额
*运输服务*运费				4000.00	4000.00	9%	360.00
合　　　计					¥4000.00		¥360.00

价税合计（大写）　人民币肆仟叁佰陆拾元整　　　　　　　　（小写）¥4360.00

销货方	名称：石家庄顺达物流有限公司 纳税人识别号：91310250590522255X 地址、电话：石家庄市创新园 52 号 0311-73847541 开户行及账号：中国工商银行东汉启民街支行 31000763231300189723	备注	（石家庄顺达物流有限公司 发票专用章）

收款人：李佳怡　　　复核：刘爱国　　　开票人：王爱民　　　销货方：（章）

第三联：发票联购买方记账凭证

图 3-25　增值税专用发票（2）

中国工商银行进 账 单（回 单）1

2020 年 12 月 03 日

出票人	全称	北京昊天机械制造有限责任公司	收款人	全称	石家庄顺达物流有限公司
	账号	11000760904870809101 2		账号	31000763231300189723
	开户银行	中国工商银行北京分行		开户银行	中国工商银行东汉启民街支行

金额	人民币（大写）肆仟叁佰陆拾元整	亿	千	百	十	万	千	百	十	元	角	分
						¥	4	3	6	0	0	0

票据种类	转账支票	票据张数	壹张
票据号码	64654335		

（中国工商银行北京分行 2020.12.03 转讫）

复核：　　　　记账：　　　　　　　　　　　　　　开户银行签章

此联是开户银行交给持票人的回单

图 3-26　进账单（2）

会计人员编制会计分录：

借：原材料——甲材料　　　　　　　　　　　　　　304 000
　　应交税费——应交增值税（进项税额）　　　　　 39 360
　贷：银行存款　　　　　　　　　　　　　　　　　 343 360

记 账 凭 证

年　月　日　　　　　　　　　　　　　　　字第　　号

摘要	总账科目	明细科目	借方金额										贷方金额										记账
			亿	千	百	十	万	千	百	十	元	角	分	亿	千	百	十	万	千	百	十	元	角	分	
附单据　　张	合　　计																								

会计主管　　　　　记账　　　　　出纳　　　　　审核　　　　　制单

图 3-27　记账凭证

【业务 3-5】货款未支付（发票账单已到），材料尚未入库，涉及的凭证如图 3-28～图 3-30 所示。

北京增值税专用发票

No.37868120

开票日期：2020 年 12 月 05 日

购买方	名称：北京昊天机械制造有限责任公司 纳税人识别号：91110908045615075X 地址、电话：北京高新园创新路 88 号 010-88227854 开户行及账号：中国工商银行北京分行 11000760904870 8091012	密码区	1*6<+81+574+9*2+/>039063/*. *0/968*624582>91*3/*1<6*422 477</42**0+7-2</24-630-39161 1+>/51433*124*5+44><9/9

货物或应税劳务、服务名称	规格型号	单位	数量	单价	金额	税率	税额
甲材料		kg	2000	30.00	60 000.00	13%	7800.00
乙材料		kg	3000	50.00	150 000.00	13%	19 500.00
合　　计					￥210 000.00		￥27 300.00
价税合计（大写）	人民币贰拾叁万柒仟叁佰元整					（小写）￥237 300.00	

销货方	名称：北京新兴金属有限公司 纳税人识别号：91440400596394369X 地址、电话：北京市西城区展览路 88 号 010-62147896 开户行及账号：中国工商银行北京西城支行 11000725481300 1075545	备注	

收款人：李佳怡　　　　复核：刘爱国　　　　开票人：王爱民　　　　销货方：（章）

图 3-28　增值税专用发票

销 售 单 2

No: 01237504

客户名称：北京昊天机械制造有限责任公司　　　　　2020 年 12 月 05 日

品名	规格	单位	单价	数量	金额
甲材料		kg	30.00	2000	60 000.00
乙材料		kg	50.00	3000	150 000.00

总计金额（大写）：人民币贰拾壹万元整　　　　　¥210 000.00

第二联：客户联

信用审批：朱加一　　业务主管：田力　　经办人：王爱民

图 3-29　销售单

会计人员编制会计分录：

借：在途物资——甲材料　　　　　　　　　　　　60 000
　　　　　　——乙材料　　　　　　　　　　　　150 000
　　应交税费——应交增值税（进项税额）　　　　27 300
　贷：应付账款　　　　　　　　　　　　　　　　237 300

记 账 凭 证

年　　月　　日　　　　　　　　　　____字第____号

摘要	总账科目	明细科目	借方金额											贷方金额											记账
			亿	千	百	十	万	千	百	十	元	角	分	亿	千	百	十	万	千	百	十	元	角	分	
附单据　　张	合　　计																								

会计主管　　　　　记账　　　　　出纳　　　　　审核　　　　　制单

图 3-30　记账凭证

【业务3-6】分配采购材料的运费，涉及凭证如图3-31～图3-34所示。

北京增值税专用发票

No.3184422

开票日期：2020年12月06日

购买方	名称：北京昊天机械制造有限责任公司 纳税人识别号：91110908045615075X 地址、电话：北京高新园创新路88号 010-88227854 开户行及账号：中国工商银行北京分行 1100076090487080910 12	密码区	1*6<+81+574+9*2+/>039063/*. *0/968*624582>91*3/*1<6*422 477</42**0+7-2</24-630-39161 1+>/51433*124*5+44><9/9

货物或应税劳务、服务名称	规格型号	单位	数量	单价	金额	税率	税额
*运输服务*运费				5000.00	5000.00	9%	450.00
合　计					¥5000.00		¥450.00

价税合计（大写）	人民币伍仟肆佰伍拾元整	（小写）¥5450.00

销货方	名称：北京鸿顺物流有限公司 纳税人识别号：91110903488034736X 地址、电话：北京市大同路647号 010-86533657 开户行及账号：中国工商银行北京分行 11000760904336 7339765	备注	（北京鸿顺物流有限公司 91110903488034736X 发票专用章）

收款人：赖丹　　　　复核：郝敏　　　　开票人：刘文　　　　销货方：（章）

图3-31　增值税专用发票

中国工商银行
转账支票存根

10209320

00004551

附加信息.

出票日期 2020年12月06日

收款人：北京鸿顺物流有限公司
金　额：¥5450.00
用　途：材料采购运费

单位主管　　　　会计

图3-32　转账支票存根

采购费用分配率 = $\frac{5000}{2000+3000}$ = 1（元/kg）

甲材料应负担的运费=2000×1=2000（元）

乙材料应负担的运费=3000×1=3000（元）

材料采购成本计算单

2020 年 12 月 06 日　　　　　　　　　　金额单位：元

材料名称	单位	重量	单价	买价	运输费	实际采购成本	实际单位成本
甲材料	kg	2000	30	60 000	2000	62 000	31
乙材料	kg	3000	50	150 000	3000	153 000	51

财务主管：林月　　　审核：伽料　　　记账：陈飞

图 3-33　材料采购成本计算单

会计人员编制会计分录：

借：在途物资——甲材料　　　　　　　　　　　　　　　　2 000
　　　　　　——乙材料　　　　　　　　　　　　　　　　3 000
　　应交税费——应交增值税（进项税额）　　　　　　　　 450
　贷：银行存款　　　　　　　　　　　　　　　　　　　　5 450

记 账 凭 证

年　　月　　日　　　　　　　　　字第　　号

摘要	总账科目	明细科目	借方金额										贷方金额										记账
			亿	千	百	十	万	千	百	十	元	角	分	亿	千	百	十	万	千	百	十	元	角	分	

附单据　张　　　　　　合　计

会计主管　　　　记账　　　　出纳　　　　审核　　　　制单

图 3-34　记账凭证

【业务 3-7】分别计算甲、乙两种材料的实际采购成本,涉及的凭证如图 3-35~图 3-37 所示。

材料采购成本计算单

2020 年 12 月 06 日

成本项目	甲材料		乙材料	
	总成本/元	单位成本/(元/kg)	总成本/元	单位成本(元/kg)
买价	60 000	30	150 000	50
采购费用	2000	1	3000	1
材料采购成本	62 000	31	153 000	51

图 3-35　材料采购成本计算单

入库单

No: 43211412

2020 年 12 月 06 日

交货单位:北京新兴金属有限公司

品名	单位	规格	数量	单价	金额
					千百十万千百十元角分
甲材料	kg		2000	31.00	¥6 2 0 0 0 0 0
乙材料	kg		3000	51.00	¥1 5 3 0 0 0 0 0

合计大写:人民币贰拾壹万伍仟元整　　　　¥215 000.00

记账:陈飞　　保管:李丹　　制票:李丹

第二联:会计联

图 3-36　入库单

会计人员编制会计分录:
借:原材料——甲材料　　　　　　　　　　　　　　　　　　　　62 000
　　　　——乙材料　　　　　　　　　　　　　　　　　　　　153 000
　贷:在途物资——甲材料　　　　　　　　　　　　　　　　　　62 000
　　　　——乙材料　　　　　　　　　　　　　　　　　　　　153 000

记 账 凭 证

年　月　日　　　　　　　　　字第　　号

摘要	总账科目	明细科目	借方金额 亿千百十万千百十元角分	贷方金额 亿千百十万千百十元角分	记账
附单据　张	合　　计				

会计主管　　　　记账　　　　出纳　　　　审核　　　　制单

图 3-37　记账凭证

【业务 3-8】预付购买丙材料的货款，涉及的凭证如图 3-38 和图 3-39 所示。

图 3-38　转账支票存根

会计人员编制会计分录：
借：预付账款——北京吉祥公司　　　　　　　　　　　　　　　　　80 000
　　贷：银行存款　　　　　　　　　　　　　　　　　　　　　　　　80 000

记 账 凭 证

年　月　日　　　　　　　字第　　号

摘要	总账科目	明细科目	借方金额 亿千百十万千百十元角分	贷方金额 亿千百十万千百十元角分	记账
附单据　　张	合　　计				

会计主管　　　　　记账　　　　　出纳　　　　　审核　　　　　制单

图 3-39　记账凭证

【业务 3-9】外购固定资产，涉及的凭证如图 3-40～图 4-43 所示。

北京增值税专用发票

No.7185677

开票日期：2020 年 12 月 10 日

购买方	名称：北京昊天机械制造有限责任公司 纳税人识别号：91110908045615075X 地址、电话：北京高新园创新路 88 号 010-88227854 开户行及账号：中国工商银行北京分行 11000760904870891012	密码区	1*6<+81+574+9*2+/>039063/*. *0/968*624582>91*3/*1<6*422 477</42**0+7-2</24-630-39161 1+>/51433*124*5+44><9/9

货物或应税劳务、服务名称	规格型号	单位	数量	单价	金额	税率	税额
*设备*机械设备		台	1	200 000.00	200 000.00	13%	26 000.00
合　　　计					￥200 000.00		￥26 000.00

价税合计（大写）	人民币贰拾贰万陆仟元整	（小写）￥226 000.00

销货方	名称：北京力通设备有限公司 纳税人识别号：91110904570002458X 地址、电话：北京市海淀区西北旺东路 90 号 010-86667858 开户行及账号：中国工商银行海淀西区支行 11000712778522650785	备注	

收款人：张璐　　　复核：田宏志　　　开票人：刘启元　　　销货方：（章）

第三联：发票联购买方记账凭证

图 3-40　增值税专用发票

```
          中国工商银行
          转账支票存根
          10312320
          00006851
          附加信息．
```

出票日期 2020 年 12 月 10 日

| 收款人：北京力通设备有限公司 |
| 金　　额：¥226 000.00 |
| 用　　途：购买设备 |

单位主管　　　　会计

图 3-41　转账支票存根

固定资产验收单

2020 年 12 月 10 日

资产编号	006			资产来源	购买		
名称	生产设备			规格型号		购（造）价/元	200 000.00
安装费		使用年限	15 年	预计残值率	5%	预计残值/元	10 000.00
建造单位				交工日期			
验收部门	生产部	验收人员	张峰	管理部门	生产部	管理人员	柳林
备注							

审核：【柳林】　　　　制表：【德峰】

图 3-42　固定资产验收单

会计人员编制会计分录：
借：固定资产　　　　　　　　　　　　　　　　　　　　　　200 000
　　应交税费——应交增值税（进项税额）　　　　　　　　　 26 000
　　贷：银行存款　　　　　　　　　　　　　　　　　　　　　　　226 000

记 账 凭 证

年　月　日　　　　　　　　　　字第　　号

摘要	总账科目	明细科目	借方金额 亿千百十万千百十元角分	贷方金额 亿千百十万千百十元角分	记账
，					
附单据　　张		合　　计			

会计主管　　　　　　记账　　　　　　出纳　　　　　　审核　　　　　　制单

图 3-43　记账凭证

固定资产小知识

　　固定资产是指为生产商品、提供劳务、出租或者经营管理而持有，使用寿命超过一个会计年度的有形资产。企业可以通过外购、自行建造、投资者投入等方式取得固定资产，不同取得方式下，固定资产成本的具体构成内容及其确定方法也不尽相同。外购固定资产的成本包括购买价款、相关税费（如进口关税）、使固定资产达到预定可使用状态前所发生的可归属于该项资产的运输费、装卸费、安装费和专业人员服务费等。企业自行建造固定资产，应按建造该项资产达到预定可使用状态前所发生的必要支出，作为固定资产的成本。另外，外购的固定资产，无论是生产设备，还是非生产设备，取得增值税专用发票均可抵扣进项税额，不得计入固定资产成本中。

　　【业务 3-10】预付款购买的丙材料到货，涉及的凭证如图 3-44～图 3-47 所示。

北京增值税专用发票

No.9898111

开票日期：2020 年 12 月 11 日

购买方	名称：北京昊天机械制造有限责任公司 纳税人识别号：91110908045615075X 地址、电话：北京高新园创新路 88 号 010-88227854 开户行及账号：中国工商银行北京分行 11000760948708091012	密码区	1*6<+81+574+9*2+/>039063/*. *0/968*624582>91*3/*1<6*422 477</42**0+7-2</24-630-39161 1+>/51433*124*5+44><9/9

货物或应税劳务、服务名称	规格型号	单位	数量	单价	金额	税率	税额
丙材料		kg	5000	18.00	90 000.00	13%	11 700.00
合　　计					¥90 000.00		¥11 700.00

价税合计（大写）	人民币拾万零壹仟柒佰元整	（小写）¥101 700.00

销货方	名称：北京吉祥公司 纳税人识别号：91110548222578332X 地址、电话：北京市顺义区枯柳树村西 010-78945646 开户行及账号：中国工商银行顺义支行 11000782256879941231	备注	（北京吉祥公司发票专用章）

收款人：李杰　　　　复核：张佳美　　　　开票人：田毅函　　　　销货方：（章）

第三联：发票联购买方记账凭证

图 3-44　增值税专用发票

销售单 2

No：01225504

客户名称：北京昊天机械制造有限责任公司　　2020 年 12 月 11 日

品名	规格	单位	单价	数量	金额
丙材料		kg	18.00	5000	90 000.00

总计金额（大写）：人民币玖万元整　　　　¥90 000.00

信用审批：张家辉　　业务主管：李进　　经办人：王明明

第二联：客户联

图 3-45　销售单

入库单

No: 43211413

交货单位：北京吉祥公司　　2020年12月11日

品名	单位	规格	数量	单价	金额
丙材料	kg		5000	18.00	¥90 000 00

合计大写：人民币玖万元整　　¥90 000.00

记账：陈B　　保管：市丹　　制票：市丹

图 3-46　入库单

会计人员编制会计分录：

借：原材料　　　　　　　　　　　　　　　　　　　90 000
　　应交税费——应交增值税（进项税额）　　　　　11 700
　　贷：预付账款——吉祥公司　　　　　　　　　　　　101 700

记 账 凭 证

　　　　年　月　日　　　　　　　　字第　　号

摘要	总账科目	明细科目	借方金额 亿千百十万千百十元角分	贷方金额 亿千百十万千百十元角分	记账
附单据　张	合　　计				

会计主管　　　　记账　　　　出纳　　　　审核　　　　制单

图 3-47　记账凭证

固基强技

单元三　生产过程的核算

布置任务

分析北京昊天机械制造有限责任公司2020年12月发生的【业务3-11】～【业务3-17】，根据产品生产过程业务的相关理论知识，识别这些业务的原始凭证，并正确地填制记账凭证，从而完成账务处理。同时，要能够熟练计算产品的生产成本。

理论学习

生产过程是制造业企业资金循环周转的第二个阶段，是制造业企业从材料投入起至产品完工入库止的全部过程。在这一过程中，材料储备作为劳动对象投入生产，企业的劳动者利用厂房、机器设备等劳动资料，对劳动对象进行加工，制成产品，因此该过程既是产品制造过程，又是物化劳动（劳动资料和劳动对象）和活劳动的消耗过程。因此，在产品生产过程中，费用的发生、归集和分配，以及产品成本的形成，就构成了生产过程核算的主要内容。

一、产品生产成本的构成

产品生产成本是指产品在其生产过程中所发生的各种生产费用，主要包括为生产产品所消耗的材料费、生产工人的职工薪酬、厂房和机器设备的折旧，以及为组织和管理生产而发生的其他各项费用。这些生产费用最终都要归集、分配给特定的产品，形成产品的成本。

在一定会计期间所发生的生产费用，按其用途不同可划分为直接材料、直接人工和制造费用。

（1）直接材料。直接材料是指构成产品实体的原材料以及有助于产品形成的主要材料和辅助材料。

（2）直接人工。直接人工是指直接从事产品生产的工人的职工薪酬。

（3）制造费用。制造费用是指企业为生产产品和提供劳务而发生的各项间接费用，包括车间管理人员工资和福利费、车间固定资产折旧费、办公费、水电费、物料消耗等。

其中，直接材料和直接人工统称为直接费用，直接费用是与产品生产有直接关系的费用，发生时应直接计入某种产品的生产成本。制造费用属于间接费用，需要按照一定的标准在不同产品中进行分配，再计入产品的生产成本中。

二、账户设置

（一）"生产成本"账户

（1）性质：属于成本类账户。

（2）用途：用以核算企业生产各种产品（产成品、自制半成品等）、自制材料、自制工具、自制设备等发生的各项生产成本。

（3）结构：如图 3-48 所示。

借　　　　生产成本　　　　贷	
直接材料、直接人工、其他直接支出、期末分配转入的制造费用	验收入库产成品、自制半成品的实际生产成本
期末余额：期末尚未完工的产品成本的实际成本	

图 3-48　"生产成本"账户结构

（4）明细：可按"基本生产成本""辅助生产成本"设置明细分类账户进行明细核算，基本生产成本应当分别按照基本生产车间和成本核算对象（如产品的品种、类别、订单、批别、生产阶段等）设置明细账（或成本计算单），并按照规定的成本项目设置专栏。

（二）"制造费用"账户

（1）性质：属于成本类账户。

（2）用途：核算企业生产车间为生产产品、提供劳务而发生的各项间接生产费用。

（3）结构：如图3-49所示。

借　　　制造费用　　　贷	
本期生产车间发生的各项间接费用（日常归集）	期末分配转入"生产成本"账户（期末分配）
期末无余额	

图3-49　"制造费用"账户结构

（4）明细：可按不同的生产车间、部门和具体费用项目进行明细核算。

（三）"库存商品"账户

（1）性质：属于资产类账户。

（2）用途：核算企业库存的各种商品的实际成本。

（3）结构：如图3-50所示。

借　　　库存商品　　　贷	
验收入库的库存商品的实际成本	发出的库存商品的实际成本
期末余额：期末库存商品的实际成本	

图3-50　"库存商品"账户结构

（4）明细：可按库存商品的种类、品种等设置明细分类账户进行明细核算。

（四）"应付职工薪酬"账户

（1）性质：属于负债类账户。

（2）用途：核算企业根据有关规定应付给职工的各种薪酬。

（3）结构：如图3-51所示。

借	应付职工薪酬	贷
本月实际支付的职工薪酬数额		本月计算的应付职工薪酬总额
		期末余额：期末尚未支付的职工薪酬

图 3-51 "应付职工薪酬"账户结构

（4）明细：可按"工资""职工福利""社会保险费""住房公积金""工会经费""职工教育经费""非货币性福利""辞退福利""股份支付"等进行明细核算。

（五）"累计折旧"账户

（1）性质：属于资产类账户，是固定资产的抵减账户。

（2）用途：核算企业固定资产因磨损而减少的价值。

（3）结构：如图 3-52 所示。

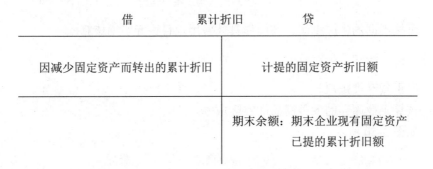

图 3-52 "累计折旧"账户结构

（4）明细：本账户可根据固定资产卡片设置明细分类账户进行明细核算。

（六）"管理费用"账户

（1）性质：属于损益类账户。

（2）用途：用来核算企业为组织和管理经营活动而发生的各种管理费用。

（3）结构：如图 3-53 所示。

图 3-53 "管理费用"账户结构

（4）明细：可按费用项目设置明细分类账户进行明细核算。

（七）"销售费用"账户

（1）性质：属于损益类账户。

（2）用途：用来核算企业发生的各项销售费用。

（3）结构：如图 3-54 所示。

图 3-54　"销售费用"账户结构

（4）明细：可按费用项目设置明细分类账户进行明细核算。

三、成本计算

产品的生产成本包括为生产该产品而发生的直接材料费、直接人工费以及制造费用，产品生产成本的计算是将企业生产过程中为制造产品所发生的各种费用，按照成本计算对象进行归集和分配，以计算各种产品的总成本和单位成本，如图 3-55 所示。

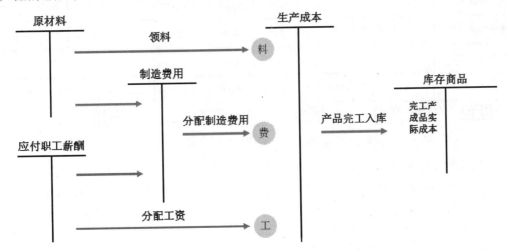

图 3-55　产品成本项目料工费的归集、分配与结转

企业应设置产品生产成本明细账，用来归集应计入各种产品的生产费用。产品生产成本的计算应在生产成本明细账中进行，主要有如下几种情况。

第一种情况：如果月末某种产品全部完工，该种产品生产成本明细账所归集的费用总额，就是该种完工产品的总成本,用完工产品的总成本除以该种产品的完工总产量,即可计算出该种产品的单位成本。

第二种情况:如果月末某种产品全部未完工,该种产品生产成本明细账所归集的费用总额就是该种产品在产品的总成本。

第三种情况:如果月末某种产品一部分完工,一部分未完工,这时归集在产品成本明细账中的费用总额,还要采取适当的分配方法在完工产品和在产品之间进行分配,然后才能计算出完工产品的总成本和单位成本。其计算公式为

$$\text{本期完工产品成本} = \text{期初在产品成本} + \text{本期生产费用} - \text{期末在产品成本} \tag{3.3}$$

当产品生产完成并验收入库时,借记"库存商品"科目,贷记"生产成本"科目。

案例分析及业务操作

【业务 3-11】领用材料,涉及的凭证如图 3-56 所示。

领用材料汇总表

2020 年 12 月 14 日

项目		甲材料			乙材料			丙材料			合计
		数量/kg	单价/元	金额/元	数量/kg	单价/元	金额/元	数量/kg	单价/元	金额/元	
生产产品耗用	A 设备	3000	30.00	90 000.00	1200	50.00	60 000.00				150 000.00
	B 设备	1000	30.00	30 000.00	1200	50.00	60 000.00	5000	18.00	90 000.00	180 000.00
车间一般耗用					400	50.00	20 000.00				20 000.00
厂部行政管理部门耗用					100	50.00	5000.00				5000.00
销售部门耗用					100	50.00	5000.00				5000.00
合计		4000	30.00	120 000.00	3000	50.00	150 000.00	5000	18.00	90 000.00	360 000.00

财务主管:(印)　复核:林月　记账:庞飞　保管:李丹　制单:李丹

图 3-56　领用材料汇总表

会计人员编制会计分录:

借:生产成本——A 设备　　　　　　　　　　　　150 000
　　　　　　——B 设备　　　　　　　　　　　　180 000
　　制造费用　　　　　　　　　　　　　　　　　 20 000
　　管理费用　　　　　　　　　　　　　　　　　　5000
　　销售费用　　　　　　　　　　　　　　　　　　5000
　　贷:原材料——甲材料　　　　　　　　　　　　120 000
　　　　　　　——乙材料　　　　　　　　　　　　150 000
　　　　　　　——丙材料　　　　　　　　　　　　 90 000

【业务3-12】结算本月应付职工薪酬，涉及的凭证如图3-57所示。

职工薪酬费用分配汇总表

2020年12月25日　　　　　　　　　　金额单位：元

车间及部门		应付职工薪酬
基本生产车间	A设备生产工人	53 600.00
	B设备生产工人	120 000.00
	小计	173 600.00
	车间管理人员	50 000.00
厂部行政管理人员		100 000.00
专设销售机构人员		176 400.00
合计		500 000.00

财务主管：林月　　会计：陈飞　　审核：柳林　　制表：李佳琪

图3-57　职工薪酬费用分配汇总表

会计人员编制会计分录：
借：生产成本——A设备　　　　　　　　　　　　　　　　53 600
　　　　　　——B设备　　　　　　　　　　　　　　　　120 000
　　制造费用——工资　　　　　　　　　　　　　　　　　50 000
　　管理费用　　　　　　　　　　　　　　　　　　　　　100 000
　　销售费用　　　　　　　　　　　　　　　　　　　　　176 400
　　贷：应付职工薪酬　　　　　　　　　　　　　　　　　　　　500 000

● 提示：

对于短期职工薪酬，企业应当在职工为其提供服务的会计期间，按实际发生额确认为应付职工薪酬，并根据职工提供服务的受益对象分别计入产品成本或期间费用。

【业务3-13】固定资产计提折旧，涉及的凭证如图3-58所示。
会计人员编制会计分录：
借：制造费用——折旧费　　　　　　　　　　　　　　　　6 000
　　管理费用　　　　　　　　　　　　　　　　　　　　　4 000
　　销售费用　　　　　　　　　　　　　　　　　　　　　2 000
　　贷：累计折旧　　　　　　　　　　　　　　　　　　　　　12 000

固定资产分类折旧计算表

2020 年 12 月 31 日　　　　　　　金额单位：元

固定资产类别	使用部门	月折旧额
房屋建筑物	生产车间	2000.00
	厂部行政管理部门	3000.00
	销售部门	1000.00
	小计	6000.00
设备	生产车间	4000.00
	厂部行政管理部门	1000.00
	销售部门	1000.00
	小计	6000.00
合计		12 000.00

财务主管：[林月]　　会计：[陈飞]　　审核：[谭托]　　制表：[李佳琪]

图 3-58　固定资产分类折旧计算表

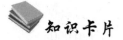

知识卡片

固定资产折旧

固定资产在其使用期限内，其价值随着固定资产的损耗而逐渐减少，固定资产由于损耗而减少的价值就是固定资产的折旧，将每月计提的折旧加起来，就是"累计折旧"。固定资产的折旧应该作为折旧费用计入产品的成本或期间费用中，通过销售产品得到补偿。企业应当按月对所有的固定资产计提折旧，但是，已提足折旧仍继续使用的固定资产、单独计价入账的土地和持有待售的固定资产除外。当月增加的固定资产，当月不计提折旧，从下月起计提折旧；当月减少的固定资产，当月仍计提折旧，从下月起不计提折旧。提前报废的固定资产，不再补提折旧。固定资产的折旧方法一经确定，不得随意变更。企业可选用的折旧方法有年限平均法、工作量法、双倍余额递减法和年数总和法等。例如，年限平均法，又称为直线法，是指将固定资产的应计折旧额均匀地分摊到固定资产预计使用寿命内的一种方法，各月应计提折旧额的计算公式为

月折旧额＝（固定资产原价－预计净残值）÷预计使用寿命（年）÷12

企业购入不需要安装的固定资产，按应计入固定资产成本的金额，借记"固定资产""应交税费——应交增值税（进项税额）"科目，贷记"银行存款"等科目。企业按月计提的固定资产折旧，根据固定资产的用途计入相关资产的成本或者当期损益，借记"制造费用""销售费用""管理费用""研发支出""其他业务成本"等科目，贷记"累计折旧"科目。

【业务 3-14】支付并分配水电费，涉及的凭证如图 3-59～图 3-61 所示。

河北增值税专用发票

No.8781502

开票日期：2020 年 12 月 20 日

购买方	名称：北京昊天机械制造有限责任公司 纳税人识别号：91110908045615075X 地址、电话：北京高新园创新路 88 号 010-88227854 开户行及账号：中国工商银行北京分行 110007609048708091012	密码区	1*6<+81+574+9*2+/>039063/*. *0/968*624582>91*3/*1<6*422 477</42**0+7-2</24-630-39161 1+>/51433*124*5+44><9/9

货物或应税劳务、服务名称	规格型号	单位	数量	单价	金额	税率	税额
*供电*电费		kW·h	10 000	2.00	20 000.00	13%	2600.00
合　　计					¥20 000.00		¥2600.00

价税合计（大写）	人民币贰万贰仟陆佰元整	（小写）¥22 600.00

销货方	名称：北京市供电局 纳税人识别号：12110908045615067X 地址、电话：北京电信院甄姬路 40 号 010-65135901 开户行及账号：中国工商银行北京西城支行 11007632313001075451	备注	（北京市供电局发票专用章）

收款人：李杰　　复核：张佳美　　开票人：田毅函　　销货方：（章）

图 3-59　增值税专用发票

水电费分摊表

单位：北京昊天机械制造有限责任公司　　日期：2020 年 12 月 20 日　　金额单位：元

序号	一级部门	水电费合计	分摊系数	分配金额	备注
1	基本生产车间		50%	10 000.00	
2	厂部行政管理部门	20 000.00	40%	8000.00	
3	专设销售机构		10%	2000.00	
4	合计		100%	20 000.00	

财务主管：林月　　会计：陈飞　　审核：樊林　　制表：李佳慧

图 3-60　水电费分摊表

付款申请单

申请部门：行政部　　　　　2020 年 12 月 20 日

收款单位名称（全称）	付款事由（用途）	金额	付款方式
北京市供电局	电费	22 600.00	转账
备注			
合计金额（大写）	人民币贰万贰仟陆佰元整	合计金额（小写）	￥22 600.00
发票种类	增值税专用发票	款项所属账期	2020 年 12 月

总经理：　　　审批：　　　财务：　　　主管：　　　经办：

图 3-61　付款申请单

会计人员编制会计分录：

借：应付账款　　　　　　　　　　　　　　　　　　　　　20 000
　　应交税费——应交增值税（进项税额）　　　　　　　　2600
　　贷：银行存款　　　　　　　　　　　　　　　　　　　22 600
借：制造费用——水电费　　　　　　　　　　　　　　　　10 000
　　管理费用　　　　　　　　　　　　　　　　　　　　　8000
　　销售费用　　　　　　　　　　　　　　　　　　　　　2000
　　贷：应付账款　　　　　　　　　　　　　　　　　　　20 000

【业务 3-15】本业务涉及的凭证如图 3-62～图 3-64 所示。

河北增值税普通发票

No.26747245

开票日期：2020 年 12 月 21 日

购买方	名称：北京昊天机械制造有限责任公司 纳税人识别号：91110908045615075X 地址、电话：北京高新园创新路 88 号 010-88227854 开户行及账号：中国工商银行北京分行 1100076090487 08091012	密码区	1*6<+81+574+9*2+/>039063/*. *0/968*624582>91*3/*1<6*422 477</42**0+7-2</24-630-39161 1+>/51433*124*5+44><9/9

货物或应税劳务、服务名称	规格型号	单位	数量	单价	金额	税率	税额
*纸*打印纸		包	42	27.739 25	1165.05	3%	34.95
合　计					￥1165.05		￥34.95

| 价税合计（大写） | 人民币壹仟贰佰元整 | （小写）￥1200.00 |

销货方	名称：北京奥明商贸公司 纳税人识别号：9111057804 5712341X 地址、电话：北京中关村创新路 58 号之一 2 楼 010-88228854 开户行及账号：中国建设银行北京海淀支行 11000760 9004870821122	备注	

收款人：方晓灿　　　复核：孙冰冰　　　开票人：李纯　　　销货方：（章）

图 3-62　增值税普通发票

办公用品申领单

申领部门：基本生产车间　　申领人：张峰　　日期：2020年12月21日　　金额单位：元

序号	物品名称	购进数量	领用数量	金额	备注
1	打印纸	42	28	800	
2					
合计				800	

领用人签字：张峰　　　　　　　　　　　　　　发放人签字：凯琳

图3-63　办公用品申领单（1）

办公用品申领单

申领部门：厂部行政管理部门　　申领人：谢娜　　日期：2020年12月21日　　金额单位：元

序号	物品名称	购进数量	领用数量	金额	备注
1	打印纸	42	14	400	
2					
合计				400	

领用人签字：谢娜　　　　　　　　　　　　　　发放人签字：凯琳

图3-64　办公用品申领单（2）

会计人员编制会计分录：
借：制造费用——办公费　　　　　　　　　　800
　　管理费用　　　　　　　　　　　　　　　400
　　贷：银行存款　　　　　　　　　　　　　1200

【业务3-16】制造费用的归集与分配，涉及的凭证如图3-65所示。

制造费用分摊表

单位：北京昊天机械制造有限责任公司　　　　　　　　　　日期：2020年12月31日

	项目		金额/元
制造费用归集	制造费用——材料费		20 000.00
	制造费用——工资		50 000.00
	制造费用——折旧费		6000.00
	制造费用——水电费		10 000.00
	制造费用——办公费		800.00
	制造费用合计		86 800.00
制造费用分配	分配总工资		173 600.00
	分配率		0.50
	A设备	工资	53 600.00
		分配金额/元	26 800.00
	B设备	工资	120 000.00
		分配金额/元	60 000.00

财务主管：林日　　会计：陈飞　　审核：博林　　制表：李佳琪

图3-65　制造费用分摊表

制造费用的归集与分配

会计人员编制会计分录:
借: 生产成本——A 设备　　　　　　　　　　　　　　　26 800
　　　　——B 设备　　　　　　　　　　　　　　　　60 000
　贷: 制造费用　　　　　　　　　　　　　　　　　　　　86 800

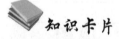

制造费用的分配

企业发生的制造费用,应当按照合理的分配标准按月分配计入各成本核算对象的生产成本中。企业可以采取的分配标准包括机器工时、人工工时、生产工人工资比例、计划分配率等。企业发生制造费用时,借记"制造费用"科目,贷记"累计折旧""银行存款""应付职工薪酬"等科目;月末分配时,借记"生产成本"等科目,贷记"制造费用"科目。

【业务 3-17】产品完工验收入库,涉及的凭证如图 3-66～图 3-68 所示。

产品成本计算表

部门: 基本生产车间　　产品名称: A 设备　　日期: 2020 年 12 月 31 日　　金额单位: 元

项目	直接材料	直接人工	制造费用	合计
期初余额	0	0	0	0
本月发生额	150 000.00	53 600.00	26 800.00	230 400.00
合计	150 000.00	53 600.00	26 800.00	230 400.00
完工产品数量		0		0
月末在产品成本	150 000.00	53 600.00	26 800.00	230 400.00

审核: 柳林　　　　制表:

图 3-66　产品成本计算表(1)

产品成本计算表

部门: 基本生产车间　　产品名称: B 设备　　日期: 2020 年 12 月 31 日　　金额单位: 元

项目	直接材料	直接人工	制造费用	合计
期初余额	0	0	0	0
本月发生额	180 000.00	120 000.00	60 000.00	360 000.00
合计	180 000.00	120 000.00	60 000.00	360 000.00
完工产品数量		100 台		100 台
完工产品成本	180 000.00	120 000.00	60 000.00	360 000.00
单位成本	1800.00	1200.00	600.00	3600.00

审核: 柳林　　　　制表:

图 3-67　产品成本计算表(2)

						金								额	
品名	单位	规格	数量	单价		千	百	十	万	千	百	十	元	角	分
B设备	台		100	3600.00	¥		3	6	0	0	0	0	0	0	0

入库单 No: 43211414
交货单位：基本生产车间　　2020年12月31日
合计大写：人民币叁拾陆万元整　　¥360 000.00
记账：陈飞　　保管：李丹　　制票：李丹

图3-68　入库单

会计人员编制会计分录：
借：库存商品——B设备　　　　　　　　　　　　　　360 000
　　贷：生产成本——B设备　　　　　　　　　　　　360 000

固基强技

单元四　销售过程的核算

布置任务

分析北京昊天机械制造有限责任公司2020年12月发生的【业务3-18】～【业务3-27】，根据产品销售过程业务的相关理论知识，识别这些业务的原始凭证，并正确地填制记账凭证，从而完成账务处理，同时要能够熟练计算产品的销售成本。

理论学习

销售过程是制造业企业出售产品，取得销售收入的过程，是企业生产经营活动的最后阶段，关系企业日后的生存与发展。在销售过程中，企业要将在生产过程中所完成的产成品销售出去并收回货币，以补偿生产产品的资金耗费，保证再生产正常进行的资金需要。制造业企业销售过程的主要经济业务包括：确认销售收入的实现、与购货单位办理货款结算、计算销售税金、结转销售成本、确认销售费用等。

一、制造业企业商品销售收入的概念

制造业企业的商品销售收入是指企业在销售商品等日常活动中所形成的经济利益的总流入。收入

只有在客户取得相关商品控制权时才能予以确认。取得相关商品控制权,是指客户能够主导该商品的使用并从中获得几乎全部经济利益,也包括有能力阻止其他方主导该商品的使用并从中获得经济利益。

二、制造业企业商品销售成本的计算

制造业企业商品销售成本是指与销售商品收入相关的销售成本,即已经销售的商品的实际生产成本。商品销售成本的计算,实质上是已销售商品实际生产成本的结转。其计算公式为

$$本期应结转的产品销售成本=本期销售产品的数量×单位产品生产成本 \quad (3.4)$$

三、账户设置

(一)"主营业务收入"账户

(1)性质:属于损益类账户。
(2)用途:用来核算企业销售商品和提供劳务等所取得的主营业务收入。
(3)结构:如图3-69所示。

借 主营业务收入 贷	
期末转入"本年利润"账户的数额	确认实现的主营业务收入
	期末无余额

图3-69 "主营业务收入"账户结构

(4)明细:可按主营业务的种类设置明细账户,进行明细分类核算。

(二)"主营业务成本"账户

(1)性质:属于损益类账户。
(2)用途:用以核算企业确认销售商品、提供劳务等主营业务收入时应结转的成本。
(3)结构:如图3-70所示。

借 主营业务成本 贷	
已经实现销售的商品成本	期末结转到"本年利润"账户的数额
期末无余额	

图3-70 "主营业务成本"账户结构

（4）明细：可按主营业务的种类设置明细账户，进行明细分类核算。

（三）"销售费用"账户

（1）性质：属于损益类账户。

（2）用途：用来核算企业销售商品和提供劳务等过程中发生的各种费用。

（3）结构：如图 3-71 所示。

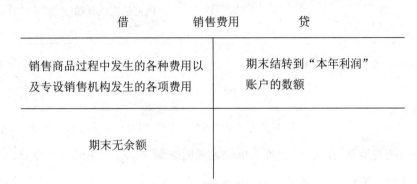

图 3-71 "销售费用"账户结构

（4）明细账设置：可按费用项目设置明细账户，进行明细分类核算。

（四）"税金及附加"账户

（1）性质：属于损益类账户。

（2）用途：用来核算企业经营活动中发生的消费税、城市维护建设税、资源税和教育费附加等相关税费。

（3）结构：如图 3-72 所示。

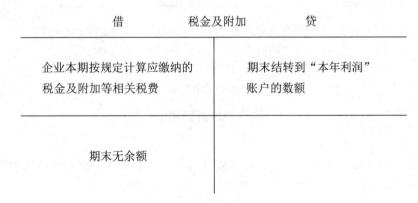

图 3-72 "税金及附加"账户结构

（4）明细：可按费用项目种类设置明细账户，进行明细分类核算。

（五）"应收账款"账户

（1）性质：属于资产类账户。

(2)用途：用来核算企业因销售产品或提供劳务而向购货单位收取的款项（包括为购货单位代垫的运费）。

(3)结构：如图 3-73 所示。

借　　　　应收账款　　　　贷	
企业在销售过程中形成的 应收款项	收回的应收款项
期末余额：期末尚未收回的 应收款项	

图 3-73 "应收账款"账户结构

(4)明细：可按购货单位或接受劳务的单位设置明细账户，进行明细分类核算。

(六)"预收账款"账户

(1)性质：属于负债类账户。

(2)用途：用来核算企业按照合同规定向购货单位预收的款项。

(3)结构：如图 3-74 所示。

借　　　　预收账款　　　　贷	
发货后冲销的预收账款金额和 退回购货方多付账款的金额	发生的预收账款金额和购货 单位补付账款的金额
期末余额：借方余额表示企业 尚未转销的款项	期末余额：贷方余额表示企业 预收的款项

图 3-74 "预收账款"账户结构

(4)明细：该账户按购货单位设置明细账户，进行明细分类核算。

◉ 提示：

在企业预收款项不多的情况下，也可以不设置"预收账款"账户，而通过"应收账款"账户来核算企业的预收账款的情况。

(七)"应收票据"账户

(1)性质：属于资产类账户。

(2)用途：核算企业因销售商品、提供劳务等而收到的商业汇票。

(3)结构：如图 3-75 所示。

借	应收票据	贷
因销售商品或提供劳务而收到开出、承兑的商业汇票的票面金额		票据到期收回、票据转让、贴现及到期因无法收回而转出的票面金额
期末余额：期末企业持有的商业汇票的票面金额		

图 3-75 "应收票据"账户结构

（4）明细：按开出、承兑商业汇票的单位设置明细账户，进行明细分类核算。

（八）"其他业务收入"账户

（1）性质：属于损益类账户。
（2）用途：核算企业除主营业务以外的其他经营活动实现的收入。
（3）结构：如图 3-76 所示。

借	其他业务收入	贷
期末转入"本年利润"账户的数额		企业已实现的其他业务收入
		期末无余额

图 3-76 "其他业务收入"账户结构

（4）明细：可按其他业务的种类设置明细账户，进行明细分类核算。

（九）"其他业务成本"账户

（1）性质：属于损益类账户。
（2）用途：核算企业除主营业务以外的其他经营活动所发生的支出。
（3）结构：如图 3-77 所示。

借	其他业务成本	贷
其他业务所发生的各项支出		期末结转到"本年利润"账户的数额
期末无余额		

图 3-77 "其他业务成本"账户结构

（4）明细：可按其他业务的种类设置明细账户，进行明细分类核算。

案例分析及业务操作

【业务 3-18】出差报销差旅费（不考虑增值税），涉及的凭证如图 3-78 和图 3-79 所示。

差旅费报销单

2020 年 12 月 22 日

出差者姓名		李强			出差事由		出差洽谈业务			附加：	张
月	日	出发地点	月	日	到达地点	车船费	机场费	住宿费	机票	其他	出差补助费		合计

月	日	出发地点	月	日	到达地点	车船费	机场费	住宿费	机票	其他	天数	金额	合计
12	17	北京南站	12	17	上海站	604.00							604.00
12	17	上海	12	21	上海			2500.00		622.00	5	180	4022.00
12	21	上海站	12	21	北京南站	604.00							604.00
		合 计				1208.00		2500.00		622.00		900.00	5230.00
报销总额		人民币（大写）伍仟贰佰叁拾元整				小写金额：¥5230.00		报销方式		银行转账			

会计主管：林月　审核：柳林　制单：陈飞　部门主管：陈晓丹　出差人：李强

图 3-78　差旅费报销单

出差审批单

2020 年 12 月 16 日

出差人	李强	部门	采购部	岗位	采购员
随行人员		无			
出差地点	上海		出差事由	出差洽谈业务	
出差时间及天数	2020 年 12 月 17 日至 2020 年 12 月 21 日，共 5 天				
拟乘坐的交通工具	高铁				
部门审核	陈晓丹	分管领导审批	凯琳	总经理审批	阿廷辉

图 3-79　出差审批单

会计人员编制会计分录：
借：管理费用——差旅费　　　　　　　　　　　　　　　5230
　　贷：银行存款　　　　　　　　　　　　　　　　　　　　5230

【业务 3-19】支付广告费，涉及的凭证如图 3-80 和图 3-81 所示。

模块三 核算企业日常业务

北京增值税专用发票

No.1886868

开票日期：2020 年 12 月 23 日

购买方	名称：北京昊天机械制造有限责任公司 纳税人识别号：91110908045615075X 地址、电话：北京高新园创新路 88 号 010-88227854 开户行及账号：中国工商银行北京分行 1100076090487080 91012	密码区	1*6<+81+574+9*2+/>039063/*.* 0/968*624582>91*3/*1<6*422477 </42**0+7-2</24-630-391611+>/5 1433*124*5+44><9/9

货物或应税劳务、服务名称	规格型号	单位	数量	单价	金额	税率	税额
*广告*灯牌		个	1	10 000.00	10 000.00	6%	600.00
合　计					¥10 000.00		¥600.00

价税合计（大写）	人民币壹万零陆佰元整	（小写）¥10 600.00

销货方	名称：北京旭日广告有限公司 纳税人识别号：91440100596394369X 地址、电话：北京市朝阳区朝阳路 17 号 010-86868866 开户行及账号：中国建设银行朝阳门支行 44258081663699000002	备注	

收款人：方晓灿　　复核：孙冰冰　　开票人：李纯　　销货方：（章）

图 3-80　增值税专用发票

图 3-81　转账支票存根

会计人员编制会计分录：

借：销售费用——广告费　　　　　　　　　　　　　　　　　　　10 000
　　应交税费——应交增值税（进项税额）　　　　　　　　　　　　600
　　贷：银行存款　　　　　　　　　　　　　　　　　　　　　　10 600

【业务 3-20】销售商品，涉及的凭证如图 3-82 所示。

北京增值税专用发票

发票联　　　　　　　　　　　　　　　　　　　　　　No.7710205
开票日期：2020 年 12 月 23 日

购买方	名称：北京晨星有限公司 纳税人识别号：91110270590544361X 地址、电话：北京市朝阳区三里屯 SOHOB 座 12 楼 010-86861234 开户行及账号：中国建设银行朝阳门支行 44258083488201546623	密码区	1*6<+81+574+9*2+/>039063/*. *0/968*624582>91*3/*1<6*422 477</42**0+7-2</24-630-39161 1+>/51433*124*+44><9/9

货物或应税劳务、服务名称	规格型号	单位	数量	单价	金额	税率	税额
A 设备		台	40	5000.00	200 000.00	13%	26 000.00
合　计					¥200 000.00		¥26 000.00

价税合计（大写）	人民币贰拾贰万陆仟元整	（小写）¥226 000.00

| 销货方 | 名称：北京昊天机械制造有限责任公司
纳税人识别号：9111098045615075X
地址、电话：北京高新园创新路 88 号 010-88227854
开户行及账号：中国工商银行北京分行 110007609048708091012 | 备注 | |

收款人：田晶晶　　　复核：李乐　　　开票人：张萌　　　销货方：（章）

图 3-82　增值税专用发票

会计人员编制会计分录：
借：应收账款——北京晨星有限公司　　　　　　　　　　　226 000
　　贷：主营业务收入——A 设备　　　　　　　　　　　　200 000
　　　　应交税费——应交增值税（销项税额）　　　　　　 26 000

【业务 3-21】预收款项，涉及的凭证如图 3-83 所示。

ICBC 中国工商银行业务回单（收款）

日期：2020 年 12 月 23 日　　　　回单编号：96532741

付款人户名：北京黄海有限公司　　　　付款人开户行：中国工商银行北京分行
付款人账号（卡号）：62221234900106601234
收款人户名：北京昊天机械制造有限责任公司　　收款人开户行：中国工商银行北京分行
收款人账号（卡号）：110007609048708091012
金额：人民币捌拾万元整　　　　　　　小写：¥800 000.00
业务（产品）种类：同行收款　　凭证种类：00000000　　凭证号码：0000000000000000
摘要：预收款　　　　　用途：预收款　　　　　　币种：人民币
交易机构：0880000123　记账柜员：00023　交易代码：66077　渠道：其他渠道
附言：
支付交易序号：8080912　报文种类：00100 汇兑报文　委托日期：2020 年 12 月 23 日
业务类型（种类）：同行收款
收款人地址：北京高新园创新路 88 号
付款人地址：北京创业园鹤山路 80 号
本回单为第 1 次打印，注意重复　　打印日期：2020 年 12 月 23 日　打印柜员：9　验证码：4985B3E3060

图 3-83　收款业务回单

会计人员编制会计分录：

借：银行存款　　　　　　　　　　　　　　　　　800 000
　　贷：预收账款——北京黄海有限公司　　　　　　　　800 000

【业务3-22】销售原材料，涉及的凭证如图3-84～图3-86所示。

北京增值税专用发票

No.26988023

开票日期：2020 年 12 月 24 日

购买方	名称：北京晨星有限公司 纳税人识别号：91110270590544361X 地址、电话：北京市朝阳区三里屯SOHOB座12楼 010-86861234 开户行及账号：中国建设银行朝阳门支行 44258083488201546623	密码区	1*6<+81+574+9*2+/>039063/*. *0/968*624582>91*3/*1<6*422 477</42**0+7-2</24-630-39161 1+>/51433*124*+44><9/9

货物或应税劳务、服务名称	规格型号	单位	数量	单价	金额	税率	税额
丙材料		kg	500	20.00	10 000.00	13%	1300.00
合　　计					¥10 000.00		¥1300.00

价税合计（大写）	人民币壹万壹仟叁佰元整	（小写）¥11 300.00

销货方	名称：北京昊天机械制造有限责任公司 纳税人识别号：91110908045615075X 地址、电话：北京高新园创新路88号 010-88227854 开户行及账号：中国工商银行北京分行 1100076090487080091012	备注	（章）

收款人：田晶晶　　　　复核：李乐　　　　开票人：张萌　　　　销货方：（章）

第一联：记账联 销售方记账凭证

图3-84　增值税专用发票

销 售 单

物资类别：原材料　　　　　2020 年 12 月 24 日　　　　　No.20983227

提货单位或部门	北京晨星有限公司	发票号码	26988023	发出仓库	第一仓库	出库日期	2020-12-24

编号	名称	单位	数量		单价/元	金额/元
			要数	实发		
1	丙材料	kg	500	500	20.00	10 000.00
合　　计			500	500	20.00	10 000.00

部门主管：　　　　会计：　　　　仓库：李丹　　　　制表：李丹

第二联 记账

图3-85　销售单

ICBC　中国工商银行业务回单（收款）

日期：2020 年 12 月 24 日　　　回单编号：80654796

付款人户名：北京晨星有限公司　　　付款人开户行：中国建设银行朝阳门支行
付款人账号（卡号）：4425808348820I546623
收款人户名：北京昊天机械制造有限责任公司　　　收款人开户行：中国工商银行北京分行
收款人账号（卡号）：110007609048708091012
金额：人民币壹万壹仟叁佰元整　　　小写：¥11 300.00
业务（产品）种类：跨行收款　　凭证种类：00000000　　凭证号码：00000000000000000
摘要：原材料货款　　　用途：原材料货款　　　币种：人民币
交易机构：0880000123　　记账柜员：00023　　交易代码：66077　　渠道：其他渠道
附言：
支付交易序号：8080912　　报文种类：00100 汇兑报文　　委托日期：2020 年 12 月 24 日
业务类型（种类）：跨行收款
收款人地址：北京高新园创新路 88 号
付款人地址：北京市朝阳区三里屯 SOHOB 座 12 楼
本回单为第 1 次打印，注意重复　　打印日期：2020 年 12 月 24 日　　打印柜员：9　　验证码：4985B3E3060

图 3-86　收款业务回单

会计人员编制会计分录：

借：银行存款　　　　　　　　　　　　　　　　　　　　　　11 300
　　贷：其他业务收入——丙材料　　　　　　　　　　　　　　10 000
　　　　应交税费——应交增值税（销项税额）　　　　　　　　1 300

【业务 3-23】结转销售材料的成本，涉及的凭证如图 3-87 所示。

材料出库单

客户：北京晨星有限公司　　　联系人：李源　　　日期：2020 年 12 月 24 日

序号	材料名称	规格	计量单位	数量	单价/元	金额/元	备注
1	丙材料		kg	500	18.00	9000.00	
2							
3							
	合计			500		9000.00	

主管：陈华　　验货：吴利　　经办人：李升　　业务：方大一　　制单：李升

图 3-87　材料出库单

会计人员编制会计分录：

借：其他业务成本　　　　　　　　　　　　　　　　　　　　9000
　　贷：原材料——丙材料　　　　　　　　　　　　　　　　　9000

【业务 3-24】销售商品，涉及的凭证如图 3-88 所示。

北京增值税专用发票

No.5651203

开票日期：2020 年 12 月 29 日

购买方	名称：北京黄海有限公司 纳税人识别号：91110008056921453X 地址、电话：北京市通州区永顺镇 010-66995555 开户行及账号：中国工商银行北京分行 622212349001066601234	密码区	1*6<+81+574+9*2+/>039063/*. *0/968*624582>91*3/*1<6*422 477</42**0+7-2</24-630-39161 1+>/51433*124*+44<9/9

货物或应税劳务、服务名称	规格型号	单位	数量	单价	金额	税率	税额
B 设备		台	90	12 000.00	1 080 000.00	13%	140 400.00
合　　计					¥1 080 000.00		¥140 400.00

价税合计（大写）	人民币壹佰贰拾贰万零肆佰元整	（小写）¥1 220 400.00

销货方	名称：北京昊天机械制造有限责任公司 纳税人识别号：91110908045615075X 地址、电话：北京高新园创新路 88 号 010-88227854 开户行及账号：中国工商银行北京分行 110007609048708091012	备注	

收款人：田晶晶　　　复核：李乐　　　开票人：张萌　　　销货方：（章）

图 3-88　增值税专用发票

会计人员编制会计分录：

借：预收账款——北京黄海有限公司　　　　　　　　　　　　1 220 400
　　贷：主营业务收入——B 设备　　　　　　　　　　　　　　1 080 000
　　　　应交税费——应交增值税（销项税额）　　　　　　　　　140 400

【业务 3-25】计提短期借款利息，涉及的凭证如图 3-89 所示。

利息计算表

单位：北京昊天机械制造有限责任公司　　　日期：2020 年 12 月 31 日　　　金额单位：元

项目名称	本金	借款日期	借款期限	还款方式	月利率	每月应付利息
短期借款	500 000.00	2020-12-01	10 个月	到期一次还本付息	1%	5000.00
合计	500 000.00					5000.00

审核：　　　　　　　　　　　　制表：

图 3-89　利息计算表

会计人员编制会计分录：
借：财务费用　　　　　　　　　　　　　　　　　　　　5000
　　贷：应付利息　　　　　　　　　　　　　　　　　　　　5000

【业务3-26】结转已销售产品的生产成本，涉及的凭证如图3-90～图3-92所示。

出　库　单

物资类别：库存商品　　　　2020年12月31日　　　　No.20983228

提货单位或部门	北京晨星有限公司	发票号码	7710205	发出仓库	第一仓库	出库日期	2020-12-23
编号	名称		单位	数量		单价/元	金额/元
				要数	实发		
1	A设备		台	40	40	1500.00	60 000.00
合　　计				40	40	1500.00	60 000.00

部门主管：陈珊　　　会计：陈飞　　　仓库：李丹　　　制表：李丹

第二联记账

图3-90　出库单（1）

出　库　单

物资类别：库存商品　　　　2020年12月31日　　　　No.20983229

提货单位或部门	北京黄海有限公司	发票号码	5651203	发出仓库	第一仓库	出库日期	2020-12-29
编号	名称		单位	数量		单价/元	金额/元
				要数	实发		
1	B设备		台	90	90	3600.00	324 000.00
合　　计				90	90	3600.00	324 000.00

部门主管：陈珊　　　会计：陈飞　　　仓库：李丹　　　制表：李丹

第二联记账

图3-91　出库单（2）

产品销售成本计算表

单位：北京昊天机械制造有限责任公司　　　　日期：2020年12月31日　　　　金额单位：元

产品名称	A设备			B设备		
本月销售	数量	单位成本	总成本	数量	单位成本	总成本
	40	1500.00	60 000.00	90	3600.00	324 000.00

审核：陈飞　　　　　　　　　　　　　制表：恒祎

图3-92　产品销售成本计算表

会计人员编制会计分录：

借：主营业务成本——A设备　　　　　　　　　　　　　　　　　　　　　60 000
　　　　　　　　——B设备　　　　　　　　　　　　　　　　　　　　　324 000
　　贷：库存商品——A设备　　　　　　　　　　　　　　　　　　　　　60 000
　　　　　　　　——B设备　　　　　　　　　　　　　　　　　　　　　324 000

【业务3-27】计算本月应交城市维护建设税和教育费附加，涉及的凭证如图3-93所示。

附加税计算表

单位：北京昊天机械制造有限责任公司　　　日期：2020年12月31日　　　金额单位：元（列至角分）

序号	计税基础		城市维护建设税		教育费附加	
	税种	金额	税率	税（费）额	税率	税（费）额
1	增值税	59 690.00	7%	4178.30	3%	1790.70
2						
4	合计	59 690.00		4178.30		1790.70

审核：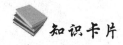　　　　制表：

图3-93　附加税计算表

会计人员编制会计分录：

借：税金及附加　　　　　　　　　　　　　　　　　　　　　　　　　　　5969.00
　　贷：应交税费——应交城市维护建设税　　　　　　　　　　　　　　　4178.30
　　　　　　　　——应交教育费附加　　　　　　　　　　　　　　　　　1790.70

知识卡片

城市维护建设税和教育费附加小知识

　　城市维护建设税是以增值税和消费税为计税依据征收的一种税。其纳税人为缴纳增值税和消费税的单位和个人，以纳税人实际缴纳的增值税和消费税为计税依据，并分别与两项税金同时缴纳。税率因纳税人所在地不同从1%～7%不等。应纳税计算公式为

　　　　　　　应纳税额=（实际缴纳的增值税+实际缴纳的消费税）×适用税率

　　教育费附加是指为了加快发展地方教育事业、扩大地方教育经费资金来源而向企业征收的附加费用。教育费附加以各单位实际缴纳的增值税和消费税为计税依据，按其一定比例分别与增值税和消费税同时缴纳。

单元五　财务成果形成与分配业务的核算

布置任务

分析北京昊天机械制造有限责任公司2020年12月发生的【业务3-28】～【业务3-36】，根据利润形成与分配业务的相关理论知识，识别这些业务的原始凭证，并正确地填制记账凭证，从而完成账务处理，同时要能够熟练计算营业利润、利润总额和净利润。

理论学习

利润，又称作财务成果，是指企业在一定时期内全部经营活动在财务上所实现的最终成果。企业作为独立的经济实体，其生产经营活动的主要目的就是要不断地提高企业的盈利水平，而利润（或亏损）又是综合反映企业在一定时期生产经营成果的重要指标，对于企业实现的利润，还要按照有关规定进行合理的分配。因此，财务成果业务核算的主要内容是确定企业实现的利润以及对利润的分配。

一、财务成果形成的核算

（一）利润的构成

利润包括收入减去费用后的净额、直接计入当期损益的利得和损失等。这里的利得是指由企业非日常活动所形成的、会导致所有者权益增加的、与所有者投入资本无关的经济利益的流入；损失是指由企业非日常活动所发生的、会导致所有者权益减少的、与向所有者分配利润无关的经济利益的流出。

企业的利润包括营业利润、利润总额和净利润三种。

1. 营业利润

营业利润＝营业收入－营业成本－税金及附加－销售费用－管理费用－研发费用
－财务费用＋其他收益＋投资收益（－投资损失）＋净敞口套期收益　　　　（3.5）
（－净敞口套期损失）＋公允价值变动收益（－公允价值变动损失）
－信用减值损失－资产减值损失＋资产处置收益（－资产处置损失）

其中，

营业收入＝主营业务收入＋其他业务收入　　　　　　　　　　　　　　　　（3.6）

营业成本＝主营业务成本＋其他业务成本　　　　　　　　　　　　　　　　（3.7）

◉ 提示：

营业利润的计算公式可以通过排除法记忆，即除了营业外收支和所得税费用，其他损益类项目都应纳入营业利润的计算。

2. 利润总额

利润总额＝营业利润＋营业外收入－营业外支出　　　　　　　　　　　　　（3.8）

其中，营业外收入是指企业发生的与其日常活动无直接关系的各项利得；营业外支出是指企业发生的与其日常活动无直接关系的各项损失。

3．净利润

$$净利润=利润总额-所得税费用 \tag{3.9}$$

其中，所得税费用是指企业确认的应从当期利润总额中扣除的所得税费用。

$$本期应交所得税=应纳税所得额×适用税率 \tag{3.10}$$

$$应纳税所得额=利润总额+(-)纳税调整项 \tag{3.11}$$

（二）利润形成核算的账户设置

1．"投资收益"账户

（1）性质：属于损益类账户。

（2）用途：用来核算企业确认的对外投资所取得的收益或发生的损失。

（3）结构：如图3-94所示。

借	投资收益	贷
投资发生的损失 期末投资净收益的转出数		取得的投资收益 期末投资净损失的转出数
		期末无余额

图3-94 "投资收益"账户结构

（4）明细：可按投资项目设置明细账户，进行明细分类核算。

2．"营业外收入"账户

（1）性质：属于损益类账户。

（2）用途：用来核算与企业生产经营活动无直接关系的各项利得。

（3）结构：如图3-95所示。

借	营业外收入	贷
期末转入"本年利润"账户的数额		本期所形成的各项营业外收入
		期末无余额

图3-95 "营业外收入"账户结构

（4）明细：可按营业外收入项目设置明细账户，进行明细分类核算。

3．"营业外支出"账户

（1）性质：属于损益类账户。

（2）用途：用来核算与企业生产经营活动无直接关系的各项损失。

（3）结构：如图3-96所示。

借	营业外支出	贷
本期发生的各项营业外支出		期末转入"本年利润"账户的数额
期末无余额		

图 3-96 "营业外支出"账户结构

（4）明细：可按营业外支出项目设置明细账户，进行明细分类核算。

4．"所得税费用"账户

（1）性质：属于损益类账户。

（2）用途：用来核算企业确认的应从当期利润总额中扣除的所得税费用。

（3）结构：如图 3-97 所示。

借	所得税费用	贷
按照税法规定的应纳税所得计算的应纳所得税额		期末转入"本年利润"账户的数额
期末无余额		

图 3-97 "所得税费用"账户结构

（4）明细：可按"当期所得税"和"递延所得税"项目设置明细账户，进行明细分类核算。

5．"本年利润"账户

（1）性质：属于所有者权益类账户。

（2）用途：核算企业在本年度实现的净利润（或发生的净亏损）。

（3）结构：如图 3-98 所示。

借	本年利润	贷
期末"主营业务成本""其他业务成本""投资收益（净损失）""管理费用""财务费用""销售费用""营业外支出""所得税费用"等账户转入的数额		期末"主营业务收入""其他业务收入""投资收益（净收益）""营业外收入"等账户转入的数额
期末余额：自年初至本期期末累计发生的净亏损数		期末余额：自年初至本期期末累计实现的净利润数

图 3-98 "本年利润"账户结构

二、财务成果分配的核算

（一）利润分配的原则

利润分配是指企业根据国家有关规定和企业章程、投资者协议等，对企业当年可供分配的利润所进行的分配。

$$可供分配的利润=当年实现的净利润（或净亏损）$$
$$+年初未分配利润（或-年初未弥补亏损） \quad (3.12)$$
$$+其他转入$$

利润分配的顺序依次是：① 提取法定盈余公积金；② 提取任意盈余公积金；③ 向投资者分配利润。

◉ 提示：

如果不存在年初累计亏损，提取法定盈余公积金的基数为当年实现的净利润；如果存在年初累计亏损，提取法定盈余公积金的基数应为当年实现的净利润超过年初累计亏损的金额，当年实现的净利润低于或等于年初累计亏损时，不计提盈余公积。

（二）利润分配核算的账户设置

1."利润分配"账户

（1）性质：属于所有者权益类。

（2）用途：用来核算企业利润的分配（或亏损的弥补）和历年利润分配（或弥补）后的结存余额。

（3）结构：如图3-99所示。

借	利润分配	贷
企业实际分配的利润，包括提取的盈余公积、向投资者分配的利润以及年末从"本年利润"账户转入的全年亏损		企业发生亏损的弥补数及年末从"本年利润"账户转入的全年亏损实现的净利润额
期末余额：累计未弥补的亏损		期末余额：累计未分配的利润

图3-99 "利润分配"账户结构

（4）明细：可设置"提取法定盈余公积""提取任意盈余公积""应付利润""未分配利润"等明细账户，进行明细分类核算。

2."盈余公积"账户

（1）性质：属于所有者权益类账户。

(2)用途：用来核算企业从净利润中提取的盈余公积。

(3)结构：如图 3-100 所示。

借　　　　　盈余公积　　　　　贷
盈余公积的使用，如转增资本、弥补亏损等 / 从净利润中提取的盈余公积
期末余额：盈余公积的结余数额

图 3-100 "盈余公积"账户结构

(4)明细：按"法定盈余公积""任意盈余公积"设置明细账户，进行明细分类核算。

3．"应付股利/利润"账户

(1)性质：属于负债类账户。

(2)用途：用来核算企业根据股东大会或类似机构审议批准的利润分配方案，确定分配给投资者的现金股利或利润。

(3)结构：如图 3-101 所示。

借　　　　　应付股利/利润　　　　　贷
实际已支付的现金股利或利润 / 应支付给投资者的现金股利或利润
期末余额：应付未付的现金股利或利润

图 3-101 "应付股利/利润"账户结构

(4)明细：按投资者设置明细账户，进行明细分类核算。

◉ 提示：

企业董事会或类似机构通过的利润分配方案中拟分配的现金股利或利润，不需要进行账务处理，但应在报表附注中披露。

案例分析及业务操作

【业务 3-28】向希望工程捐款，涉及的凭证如图 3-102～图 3-104 所示。

付款申请单

申请部门：财务部　　　　　　　　　　2020年12月26日

收款单位名称（全称）	付款事由（用途）	金额	付款方式
河北省秦皇岛市希望小学	捐赠支出	10 000.00	转账
备注	捐赠支出		
合计金额（大写）	人民币壹万元整	合计金额（小写）	￥10 000.00
发票种类	公益事业捐赠统一票据	款项所属账期	2020年12月

总经理：　　　审批：　　　财务：　　　主管：　　　经办：

图3-102　付款申请单

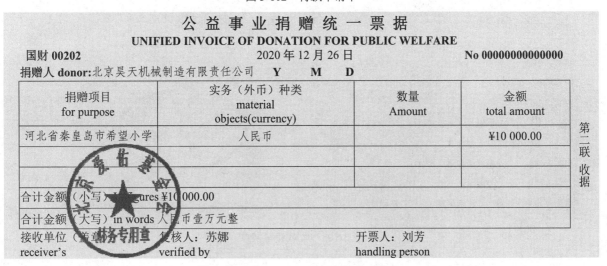

图3-103　公益事业捐赠统一票据

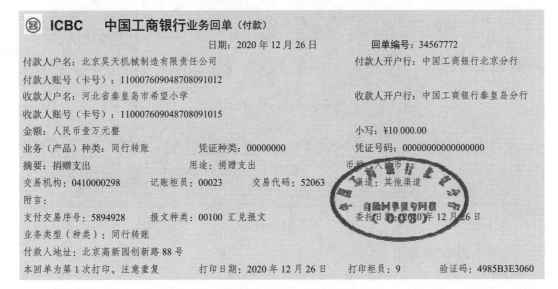

图3-104　付款业务回单

会计人员编制会计分录：
借：营业外支出　　　　　　　　　　　　　　　　　　　　　　　　10 000
　　贷：银行存款　　　　　　　　　　　　　　　　　　　　　　　　　10 000

【业务3-29】收到违约罚款，涉及的凭证如图3-105和图3-106所示。

ICBC　中国工商银行业务回单（收款）	
日期：2020年12月28日	回单编号：80654796
付款人户名：北京中兴有限公司	付款人开户行：中国建设银行朝阳门支行
付款人账号（卡号）：4425808348820154 6623	
收款人户名：北京昊天机械制造有限责任公司	收款人开户行：中国工商银行北京分行
收款人账号（卡号）：110007609048708091012	
金额：人民币叁仟元整	小写：¥3000.00
业务（产品）种类：跨行收款　　凭证种类：00000000	凭证号码：00000000000000000
摘要：罚款	用途：罚款	币种：人民币
交易机构：088066551　　记账柜员：00023　　交易代码：66077	渠道：其他渠道
附言：	
支付交易序号：8080912　　报文种类：00100 汇兑报文	委托日期：2020年12月28日
业务类型（种类）：跨行收款	
收款人地址：北京高新园创新路88号	
付款人地址：北京市朝阳区三里屯SOHOB座12楼	
本回单为第1次打印，注意重复　　打印日期：2020年12月28日　　打印柜员：9	验证码：4985B3E3060

图3-105　收款业务回单

收据　　　　　　　　　No6374801

2020年12月28日

交款单位　北京中兴有限公司
人民币（大写）　叁仟元整　　小写：¥3000.00
收款事由　违约罚款
收款人：张飞　　　　　　　付款人：李丽

代收款凭证

图3-106　收据

会计人员编制会计分录：
借：银行存款　　　　　　　　　　　　　　　　　　　　　　　　　　3000
　　贷：营业外收入　　　　　　　　　　　　　　　　　　　　　　　　　3000

【业务 3-30】 结转损益类账户至"本年利润"(假设不考虑该公司前 11 个月的损益)。

(1) 结转损益类账户中收入收益类账户余额:

借:主营业务收入	1 280 000
其他业务收入	10 000
营业外收入	3000
贷:本年利润	1 293 000

(2) 结转损益类账户中费用类账户余额:

借:本年利润	731 999
贷:主营业务成本	384 000
其他业务成本	9000
税金及附加	5969
管理费用	122 630
销售费用	195 400
财务费用	5000
营业外支出	10 000

【业务 3-31】 计算并结转企业所得税费用,涉及的凭证如图 3-107 所示。

企业所得税计算表

金额单位:元(列至角分)

单位:北京昊天机械制造有限责任公司   日期:2020 年 12 月 24 日

项目	行次	金额	备注
收入总额	1	1 293 000.00	
成本费用总额	2	731 999.00	
利润总额	3	561 001.00	
应纳税所得额	4	561 001.00	
适用税率	5	25%	
应纳所得税额	6	140 250.25	

审核 柳苏   制表 陈飞

图 3-107 企业所得税计算表

会计人员编制会计分录:

借:所得税费用	140 250.25
贷:应交税费——应交企业所得税	140 250.25

【业务 3-32】 将"所得税费用"账户转至"本年利润"账户。

会计人员编制会计分录:

借:本年利润	140 250.25
贷:所得税费用	140 250.25

【业务 3-33】将"本年利润"账户余额转至"利润分配——未分配利润"账户。

会计人员编制会计分录：

借：本年利润　　　　　　　　　　　　　　　　　　　　　　　　420 750.75
　　贷：利润分配——未分配利润　　　　　　　　　　　　　　　　　420 750.75

【业务 3-34】按税后利润的10%提取法定盈余公积金，涉及的凭证如图 3-108 所示。

法定盈余公积计提表

单位：北京昊天机械制造有限责任公司　　　　　　　　　　日期：2020 年 12 月 31 日

计算项目	计提基数	计提率	金额
法定盈余公积	420 750.75	10%	42 075.08

审核：[谭书]　　　　　　　　　　　　　　　　　　　　　制表：[陈飞]

图 3-108　法定盈余公积计提表

会计人员编制会计分录：

借：利润分配——提取法定盈余公积　　　　　　　　　　　　　　42 075.08
　　贷：盈余公积　　　　　　　　　　　　　　　　　　　　　　　　42 075.08

【业务 3-35】股东大会决议向投资者宣告分配现金股利，涉及的凭证如图 3-109 所示。

应付股利计算表

单位：北京昊天机械制造有限责任公司　　　　　　　　　　日期：2020 年 12 月 31 日

计算项目	普通股股数/万股	每股股利/元	金额/元
应付股利	30	0.10	30 000.00

审核：[谭书]　　　　　　　　　　　　　　　　　　　　　制表：[陈飞]

图 3-109　应付股利计算表

会计人员编制会计分录：

借：利润分配——应付股利　　　　　　　　　　　　　　　　　　30 000.00
　　贷：应付股利　　　　　　　　　　　　　　　　　　　　　　　　30 000.00

【业务 3-36】结转"利润分配"账户所属的明细账户。

会计人员编制会计分录：

借：利润分配——未分配利润　　　　　　　　　　　　　　　　　72 075.08
　　贷：利润分配——提取法定盈余公积　　　　　　　　　　　　　　42 075.08
　　　　　　——应付股利　　　　　　　　　　　　　　　　　　　　30 000.00

固基强技

破解民营企业融资难、融资贵的新途径

对于不少民营企业,特别是中小微企业来说,融资难、融资贵是一个困扰企业的老问题了,特别是那些资产轻、没有抵押物的中小企业,它们向金融机构融资,有各种各样的障碍。往往由于筹集不到所需资金,企业发展受到很大的影响。如何更好地缓解这些企业的融资困境,帮助它们更好地成长呢?

思考:如何缓解民营企业、中小微企业融资难、融资贵的问题?

模块总结

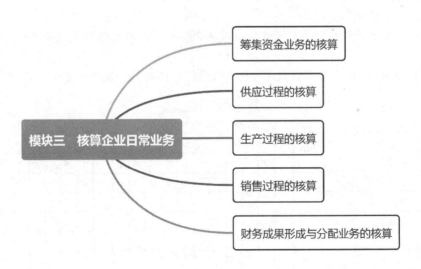

模块四 登记账簿

知识目标

1. 了解会计账簿的概念与分类；
2. 了解会计账簿的更换与保管；
3. 熟悉会计账簿的登记要求；
4. 熟悉总分类账与明细分类账平行登记的要点；
5. 掌握日记账、总分类账及有关明细分类账的登记方法；
6. 掌握对账与结账的方法；
7. 掌握错账更正的方法。

能力目标

1. 能够熟练登记日记账、总分类账及有关明细分类账；
2. 能够为一家小型制造业企业一个会计期间的经济业务完成相关账簿的登记。

案例背景

假设北京昊天机械制造有限责任公司采用记账凭证账务处理程序。

案例背景1：参见模块三。

案例背景2：北京昊天机械制造有限责任公司2020年10月底查账时发现当月有几笔业务出现如下差错。

【业务4-1】2020年10月31日计提本月短期借款利息1540元，操作如图4-1～图4-3所示。

转 账 凭 证

2020年10月31日　　　　　　　　　转字第56号

摘 要	总账科目	明细科目	√	借方金额 千 百 十 万 千 百 十 元 角 分	√	贷方金额 千 百 十 万 千 百 十 元 角 分	
计提本月利息	财务费用			1 5 4 0 0 0			附单据1张
	应付利息					1 5 4 0 0 0	
合 计				¥ 1 5 4 0 0 0		¥ 1 5 4 0 0 0	

财务主管　　　　　记账　　　　　审核　　　　　制单

图4-1　转账凭证

登记总账时：

财务费用　总账

年		凭证号数	摘要	对方科目	借方 亿千百十万千百十元角分	贷方 亿千百十万千百十元角分	借或贷	余额 亿千百十万千百十元角分	核对
月	日								
10	1		……						√
			……						
			……						
			……						
	31	转字56	计提本月利息		1 5 4 0 0 0				

图 4-2　财务费用总账

应付利息　总账

年		凭证号数	摘要	对方科目	借方 亿千百十万千百十元角分	贷方 亿千百十万千百十元角分	借或贷	余额 亿千百十万千百十元角分	核对
月	日								
10	1		期初余额				贷	3 0 8 0 0 0	√
			……						
			……						
			……						
	31	转字56	计提本月利息			1 4 5 0 0 0			

图 4-3　应付利息总账

【业务 4-2】 10 月 31 日计提管理部门用固定资产折旧 3600 元，操作如图 4-4～图 4-6 所示。

转 账 凭 证

2020 年 10 月 31 日　　转字第 59 号

摘　要	总账科目	明细科目	√	借方金额 千百十万千百十元角分	√	贷方金额 千百十万千百十元角分
计提折旧	管理费用			6 3 0 0 0 0		
	累计折旧					6 3 0 0 0 0
合　计				¥ 6 3 0 0 0 0		¥ 6 3 0 0 0 0

财务主管　　　　　　记账　　　　　　审核　　　　　　制单

图 4-4　转账凭证

登记总账时：

管理费用　总账

年		凭证号数	摘要	对方科目	借方 亿千百十万千百十元角分	贷方 亿千百十万千百十元角分	借或贷	余额 亿千百十万千百十元角分	核对
月	日								
10	1		……						√
			……						
			……						
			……						
	31	转字59	计提折旧		6 3 0 0 0 0				

图 4-5　管理费用总账

累计折旧　总账

年		凭证号数	摘要	对方科目	借方 亿千百十万千百十元角分	贷方 亿千百十万千百十元角分	借或贷	余额 亿千百十万千百十元角分	核对
月	日								
10	1		期初余额				贷	2 3 9 8 0 0 0	√
			……						
			……						
			……						
	31	转字59	计提折旧			6 3 0 0 0 0			

图 4-6　累计折旧总账

【业务 4-3】10月31日分摊本月车间的电费2530元，操作如图4-7～图4-9所示。

转　账　凭　证

2020年10月31日　　　　　转字第62号

摘　要	总账科目	明细科目	√	借方金额 千百十万千百十元角分	√	贷方金额 千百十万千百十元角分
分摊电费	制造费用			2 3 5 0 0 0		
	应付账款					2 3 5 0 0 0
合　计				¥ 2 3 5 0 0 0		¥ 2 3 5 0 0 0

财务主管　　　　记账　　　　审核　　　　制单

图 4-7　转账凭证

登记总账时：

制造费用　总账

年		凭证号数	摘要	对方科目	借方 亿千百十万千百十元角分	贷方 亿千百十万千百十元角分	借或贷	余额 亿千百十万千百十元角分	核对
月	日								
10	1		……						√
			……						
			……						
			……						
	31	转字62	分摊电费		2 3 5 0 0 0				

图 4-8　制造费用总账

应付账款　总账

年		凭证号数	摘要	对方科目	借方 亿千百十万千百十元角分	贷方 亿千百十万千百十元角分	借或贷	余额 亿千百十万千百十元角分	核对
月	日								
10	1		期初余额				贷	1 5 6 8 0 0 0 0	√
			……						
			……						
			……						
	31	转字62	分摊电费			2 3 5 0 0 0			

图 4-9　应付账款总账

单元一　账簿的启用与登记要求

布置任务

根据案例背景 1 判断北京昊天机械制造有限责任公司至少应设置哪些账簿？分析案例背景 1 中的经济业务所涉及的明细分类账户应采用什么类型的账页格式，完成北京昊天机械制造有限责任公司 12 月初各账户余额的登记工作。

理论学习

一、会计账簿的概念与分类

（一）会计账簿的概念

会计账簿是指由一定格式的账页组成的，以经过审核的会计凭证为依据，全面、系统、连续地记录各项经济业务的簿籍,简称账簿。设置和登记会计账簿,是重要的会计核算基础工作,是编制会计报表的基础,是连接会计凭证和会计(财务)报表的中间环节。

(二)会计账簿的基本内容

(1)封面,主要用来标明账簿的名称,如图4-10所示。

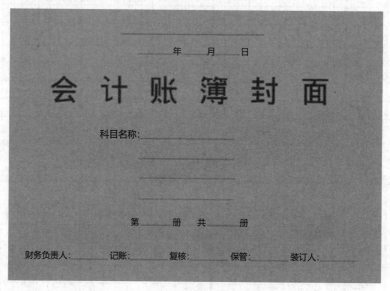

图4-10 账簿封面

(2)扉页,主要用来列明会计账簿的使用信息,如账簿启用及交接表,如图4-11所示。

单位名称									单位印鉴			
账簿名称												
账簿编号		共计　　册,第　　册,本账簿共计　　页										
启用日期		年　　月　　日至　　　　年　　月　　日										
经管人员	负责人		主办会计		复核		记账					
	姓名	盖章	姓名	盖章	姓名	盖章	姓名	盖章				
接交记录	经管人员				接管				记账			
	职别		姓名		年	月	日	盖章	年	月	日	盖章
注												

图4-11 账簿启用及交接表

(3)账页,是账簿用来记录经济业务的主要载体,如图4-12所示。

总分类账

分第_____页总第_____页
科目：_____

年		凭证		摘要	借方										√	贷方										√	借或贷	余额										√
月	日	字	号		亿	千	百	十	万	千	百	十	元	角	分		亿	千	百	十	万	千	百	十	元	角	分			亿	千	百	十	万	千	百	十	元	角	分	

图 4-12　账页

（三）会计账簿的种类

1. 按用途分类

按用途分类，会计账簿可分为以下几种。

（1）序时账簿，又称作日记账，是按照经济业务发生时间的先后顺序逐日、逐笔登记的账簿。按记录的内容，序时账簿可分为普通日记账和特种日记账。普通日记账是对全部经济业务按其发生时间的先后顺序逐日、逐笔登记的账簿。特种日记账是对某一特定种类的经济业务按其发生时间的先后顺序逐日、逐笔登记的账簿。

（2）分类账簿。分类账簿是按照会计要素的具体类别而设置的分类账户进行登记的账簿。按反映经济业务的详略程度，账簿可分为总分类账簿和明细分类账簿。总分类账簿，又称作总账，是根据总分类账户开设的，能够全面地反映企业的经济活动；明细分类账簿，又称作明细账（见图4-13），是根据明细分类账户开设的，用来提供明细的核算资料。总账对所属的明细账起统驭作用，明细账对总账进行补充和说明。

图 4-13　明细账

（3）备查账簿，又称作辅助登记簿或补充登记簿，是指对某些在序时账簿和分类账簿中未能记载或记载不全的经济业务进行补充登记的账簿。备查账簿只是对其他账簿记录的一种补充，与其他账簿之间不存在严密的依存和勾稽关系。备查账簿根据企业的实际需要设置，没有固定的格式要求。

2．按账页格式分类

按账页格式分类，会计账簿可分为以下几种。

（1）两栏式账簿。两栏式账簿是指只有借方和贷方两个金额栏目的账簿。

（2）三栏式账簿。三栏式账簿是指设有借方、贷方和余额三个金额栏目的账簿，如图4-14所示。

固定资产总账

年		凭证		摘要	对应科目	借方										贷方										借或贷	余额										核对
月	日	种类	号数			亿	千	百	十	万	千	百	十	元	角	分	亿	千	百	十	万	千	百	十	元	角	分		亿	千	百	十	万	千	百	十	元	角	分	
12	1			期初余额																												1	8	0	0	0	0	0	0	√
	15	汇	1	1-15日汇总过入					1	5	6	1	0	0	0	0						5	3	2	0	0	0	0				2	8	2	9	0	0	0	0	√
	3	汇	2	16-31日汇总过入																			6	6	0	0	0	0				2	7	6	3	0	0	0	0	√
				本月合计及月末余额					1	5	6	1	0	0	0	0						5	9	8	0	0	0	0				2	7	6	3	0	0	0	0	√
				过次页																																				

图4-14 三栏式账簿

（3）多栏式账簿。多栏式账簿是指在账簿的两个金额栏目（借方和贷方）按需要分设若干专栏的账簿，如图4-15所示。

（4）数量金额式账簿。数量金额式账簿是指在账簿的借方、贷方和余额三个栏目内，每个栏目再分设数量、单价和金额三小栏，借以反映财产物资的实物数量和价值量的账簿，如图4-16所示。

3．按外形特征分类

按外形特征分类，会计账簿可分为以下几种。

（1）订本账。订本式账簿，简称订本账，是在启用前将编有顺序页码的一定数量账页装订成册的账簿。一般适用于总分类账、库存现金日记账、银行存款日记账。

（2）活页账。活页式账簿，简称活页账，是将一定数量的账页置于活页夹内，可根据记账内容的变化而随时增加或减少部分账页的账簿，各种明细分类账一般采用活页账形式。

管理费用　　　明细账

年		凭证号数	摘要	发生额合计										办公费										差旅费										职工薪酬										折旧费										其他									
月	日			千	百	十	万	千	百	十	元	角	分	千	百	十	万	千	百	十	元	角	分	千	百	十	万	千	百	十	元	角	分	千	百	十	万	千	百	十	元	角	分	千	百	十	万	千	百	十	元	角	分	千	百	十	万	千	百	十	元	角	分

图 4-15　多栏式账簿

原材料　　　明细账

本账页数	
本户页数	

最高储存量________

最低储存量________

编号______ 规格______　　　　单位______ 名称______

年		凭证		摘要	借方											贷方											结存										
月	日	种类	号数		数量	单价	百	十	万	千	百	十	元	角	分	数量	单价	百	十	万	千	百	十	元	角	分	数量	单价	百	十	万	千	百	十	元	角	分

图 4-16　数量金额式账簿

（3）卡片账。卡片式账簿，简称卡片账，是将一定数量的卡片式账页存放于专设的卡片箱中，可以根据需要随时增添账页的账簿。在我国，企业一般只对固定资产的核算采用卡片账形式，如图 4-17 所示。

固定资产卡片

资产编号			
资产名称		资产类别	房屋及建筑物
型号规格			电子及办公设备
原值			运输设备
取得日期		购置经办人	其他设备
供货单位名称		财务经办人	
保修截至			
存放地点			

图 4-17 卡片账

二、会计账簿的启用

启用会计账簿时，应当在账簿封面上写明单位名称和账簿名称，并在账簿扉页上附启用表。启用订本式账簿应当从第一页到最后一页顺序编定页数，不得跳页、缺号。使用活页式账簿应当按账户顺序编号，并须定期装订成册，装订后再按实际使用的账页顺序编定页码，另加目录以便于记明每个账户的名称和页次。

三、会计账簿的登记要求

为了保证账簿记录的正确性，必须根据审核无误的会计凭证登记会计账簿，并符合有关法律、行政法规和国家统一的会计准则制度的规定，主要有：

（1）准确完整。登记会计账簿时，应当将会计凭证日期、编号、业务内容摘要、金额和其他有关资料逐项记入账内，做到数字准确、摘要清楚、登记及时、字迹工整。

（2）注明记账符号。登记会计账簿完毕后，要在记账凭证上签名或者盖章，并注明已经登账的符号，表示已经记账。

（3）书写留空。账簿中书写的文字和数字上面要留有适当空格，不要写满格，一般应占格距的二分之一。

（4）正常记账使用蓝黑墨水。为了保持账簿记录的持久性，防止涂改，登记账簿时必须使用蓝黑墨水或者碳素墨水书写，不得使用圆珠笔（银行的复写账簿除外）或者铅笔书写。

（5）特殊记账使用红墨水。

① 按照红字冲账的记账凭证，冲销错误记录。

② 在不设借贷等栏的多栏式账页中，登记减少数。

③ 在三栏式账户的余额栏前，如未印明余额方向的，在余额栏内登记负数余额。

④ 根据国家统一的会计制度的规定可以用红字登记的其他会计记录。

（6）顺序连续登记。记账时，必须按账户页次逐页逐行登记，不得隔页、跳行。如果发生隔页、跳行现象，应当在空页、空行处用红色墨水画对角线注销，或者注明"此页空白""此行空白"字样，并由记账人员签名或者盖章。

（7）结出余额。凡需要结出余额的账户，结出余额后，应当在"借或贷"等栏内写明"借"或者"贷"等字样，以示余额的方向；没有余额的账户，应在"借或贷"等栏内写"平"字，并在"余额"栏用"0"表示。现金日记账和银行存款日记账必须逐日结出余额。

（8）过次承前。每一账页登记完毕时，应当结出本页发生额合计及余额，在该账页最末一行"摘要"栏注明"转次页"或"过次页"，并将这一金额记入下一页第一行有关金额栏内，在该行"摘要"栏内注明"承前页"，以保持账簿记录的连续性，便于对账和结账。对需要结计本月发生额的账户，结计"过次页"的本页合计数应当为自本月初起至本页末止的发生额合计数。

（9）不得涂改、刮擦、挖补。

案例分析及业务操作

根据本模块案例背景和模块二案例背景中给出的北京昊天机械制造有限责任公司总分类账户余额表，完成各账户期初余额的登记，同时在一张空白账页上练习会计数字的书写。

◉ 提示：

根据模块二案例背景中给出的2020年11月30日北京昊天机械制造有限责任公司总分类账户余额表中的账户期末余额来登记12月1日的账户期初余额。

固基强技

单元二　账簿的格式和登记方法

布置任务

根据本模块单元一已经完成的北京昊天机械制造有限责任公司2020年12月1日的账户期初余额和本模块案例背景1中12月发生的经济业务，完成库存现金日记账、银行存款日记账、原材料明细账、应收账款明细账、销售费用明细账和固定资产总账的登记工作。

理论学习

一、日记账的格式和登记方法

（一）库存现金日记账的格式和登记方法

库存现金日记账的格式有三栏式和多栏式两种，无论是三栏式日记账，还是多栏式日记账，必须采用订本账，如图4-18所示。

库存现金日记账

年		凭证号数	摘要	页数	借方	贷方	借或贷	余额
月	日				百十万千百十元角分	百十万千百十元角分		百十万千百十元角分

图4-18　库存现金日记账

库存现金日记账由出纳人员根据库存现金收款凭证、库存现金付款凭证以及银行存款的付款凭证，按照库存现金收、付款业务和银行存款付款业务发生时间的先后顺序逐日逐笔登记。根据"上日余额+本日收入－本日支出=本日余额"的公式，逐日结出库存现金余额，并与库存现金实存数核对，以检查每日库存现金收付是否有误。

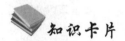

多栏式库存现金日记账

多栏式库存现金日记账是在三栏式库存现金日记账的基础上发展起来的，这种日记账的借方（收入）和贷方（支出）金额栏都按对方科目设专栏，也就是说，按收入的来源和支出的用途设专栏。这种格式的日记账在月末结账时，可以结出各收入来源专栏和支出用途专栏的合计数，便于对现金收支的合理性、合法性进行审核分析，便于检查财务收支计划的执行情况，其全月发生额还可以作为登记总账的依据。

（二）银行存款日记账的格式和登记方法

银行存款日记账的格式与库存现金日记账相同，可以采用三栏式，也可以采用多栏式，无论是三栏式日记账，还是多栏式日记账，必须采用订本账，如图4-19所示。

银行存款日记账

年		凭证号数		摘要	结算凭证		借方	贷方	余额
月	日	类	号		类	号	百十万千百十元角分	百十万千百十元角分	百十万千百十元角分

开户银行：　　　　　　　　　　　　　　　　　　银行账号：

图 4-19　银行存款日记账

银行存款日记账应按企业在银行开立的账户和币种分别设置，每个银行账户设置一本日记账。银行存款日记账由出纳人员根据审核后的与银行存款收付业务有关的记账凭证，按时间先后顺序逐日逐笔进行登记。每日终了，应分别计算出当日银行存款收入、支出的合计数及账面余额。本日余额的计算方法与库存现金相同，每日结出银行存款余额，并定期与银行对账单核对。

二、总分类账的格式和登记方法

（一）格式

每一个企业都必须设置总分类账，总分类账必须采用订本式账簿。总分类账最常用的格式为三栏式，设置借方、贷方和余额三个基本金额栏目，如图 4-14 所示。

（二）登记方法

总分类账的登记方法因登记的依据不同而有所不同，经济业务少的小型单位的总分类账可以根据记账凭证逐笔登记；经济业务多的大中型单位的总分类账可以根据记账凭证汇总表（又称科目汇总表）或汇总记账凭证等定期登记。

三、明细分类账的格式和登记方法

明细分类账是根据有关明细分类账户设置并登记的账簿。它能提供交易或事项比较详细、具体的核算资料，以补充总账所提供核算资料的不足。因此，各企业单位在设置总账的同时，还应设置必要的明细账。明细分类账一般采用活页式账簿、卡片式账簿。明细分类账一般根据记账凭证和相应的原始凭证来登记。

（一）三栏式明细分类账的格式和登记

三栏式账页是设有借方、贷方和余额三个栏目，用以分类核算各项经济业务，提供详细核算资料的账簿，其格式（见图 4-20）与三栏式总账格式相同。它适用于只进行金额核算，不需要进行数量核算的账户，如"应收账款""应付账款"等账户。

明细分类账

年		凭证号数	摘要	页数	借方 百十万千百十元角分	贷方 百十万千百十元角分	借或贷	余额 百十万千百十元角分
月	日							

图 4-20 三栏式明细分类账

（二）多栏式明细分类账的格式和登记

多栏式账页是将属于同一个总账科目的各个明细科目合并在一张账页上进行登记，即在这种格式账页的借方或贷方金额栏内，按照明细项目设若干专栏。它适用于收入、成本、费用账户的明细核算，如"生产成本""管理费用""营业外收入""利润分配"等，如图 4-21 所示。

主营业务收入 明细账

年		凭证号数	摘要	合计 千百十万千百十元角分	贷方			
					A产品 千百十万千百十元角分	B产品 千百十万千百十元角分	C产品 千百十万千百十元角分	D产品 千百十万千百十元角分
月	日							

图 4-21 多栏式明细分类账

（三）数量金额式明细分类账的格式和登记

数量金额式明细分类账的借方（收入）、贷方（发出）和余额（结存）都分别设有数量、单价和金额三个专栏。它适用于既要进行金额核算，又要进行数量核算的账户，如"原材料""库存商品""周转材料"等存货明细账户，如图 4-16 所示。

四、总分类账户和明细分类账户的平行登记

（一）平行登记的要点

平行登记是指对所发生的每项经济业务都要以会计凭证为依据，一方面记入有关总分类账户，另一方面记入所属明细分类账户的方法。

1. 方向相同

将经济业务记入总分类账户和明细分类账户时，记账方向通常相同。即总分类账户记入借方，明

细分类账户也记入借方；总分类账户记入贷方，明细分类账户也记入贷方。

2．期间一致

对每项经济业务在记入总分类账户和明细分类账户过程中，可以有先有后，但必须在同一会计期间全部登记入账。

3．金额相等

对于发生的每一项经济业务，记入总分类账户的金额必须等于所属明细分类账户的金额之和。

（二）总账与明细账的核对

平行登记的结果使总账与其所属明细账之间在数量上存在如下关系。

（1）总分类账户本期借方发生额与其所属明细分类账户本期借方发生额合计相等。

（2）总分类账户本期贷方发生额与其所属明细分类账户本期贷方发生额合计相等。

（3）总分类账户期末余额与其所属明细分类账户期末余额合计相等。

◉ 提示：

如果总分类账户与明细分类账户的记录不相一致，说明账户平行登记中出现错误，应查明原因，进行更正。

案例分析及业务操作

结合模块二案例背景的期初余额和模块三的案例背景，根据经济业务发生的先后顺序，逐日逐笔登记库存现金日记账、原材料明细账、销售费用明细账、应收账款明细账和固定资产总账。

◉ 提示：

操作步骤中的凭证号按照模块三中对应经济业务的记账凭证号来填写。

（一）库存现金日记账的登记

步骤一：填写日期栏，根据用以登记账簿的会计凭证上的日期。库存现金日记账一般依据审核无误的记账凭证登记，此处日期为编制该记账凭证的日期。不能填写原始凭证上记载的发生或完成该经济业务的日期，也不是实际登记该账簿的日期。

◉ 提示：

由于模块二的案例背景中存在期初余额，登记库存现金日记账时，第一行的日期栏应写期初余额的时间为12月1日。

步骤二：填写"凭证号数"栏，根据用以登账的会计凭证的类型及编号来写。如果企业采用通用凭证格式，根据审核无误的记账凭证登记库存现金日记账时，填入"记×号"；如果企业采用专用凭证格式，根据现金收款凭证或现金付款凭证登记库存现金日记账时，填入"现收×号"或"现付×号"。

◉ 提示：

由于模块二的案例背景中存在期初余额，登记库存现金日记账时，第一行的"凭证号数"栏不用填写。

步骤三： 填写"摘要"栏，根据会计业务简要说明入账的经济业务的内容，力求简明扼要。

◉ **提示：**

由于模块二的案例背景中存在期初余额，登记库存现金日记账时，第一行的"摘要"栏应写"期初余额"；如果不存在期初余额或者是企业新建的账，则在第一行直接记账就可以了。

步骤四： 填写"对方科目"栏，根据填入会计分录中"库存现金"科目的对应科目来写，用以反映库存现金增减变化的来龙去脉。

◉ **提示：**

由于模块二的案例背景中存在期初余额，登记库存现金日记账时，第一行的"对方科目"栏不用填写。

步骤五： 填写"借方"和"贷方"的金额栏，根据相关凭证中记录的"库存现金"科目的借贷方向及金额记入。

◉ **提示：**

由于模块二的案例背景中存在期初余额，登记库存现金日记账时，第一行的"借方"和"贷方"的金额栏不用填写。

步骤六： 填写"余额"栏，根据"库存现金期初余额+本期借方发生额−本期贷方发生额=库存现金期末余额"等计算公式来填写，登记完成"库存现金日记账"

◉ **提示：**

由于账簿的启用在每年的1月1日，模块三的案例背景仅仅列出的是12月的账务处理，企业1—11月份的账簿登记不再体现，在实际工作中应该是连续登记的，这里由于篇幅所限，因而省略。

（二）原材料明细账的登记

◉ **提示：**

数量金额式明细账适用于既要进行金额核算，又要进行数量核算的账户，"原材料""库存商品"等存货类账户采用数量金额式明细账进行登记，其特点为：借方（收入）、贷方（发出）和余额（结存）都分别设有数量、单价和金额三个专栏。

以模块三案例背景中的北京昊天机械制造有限责任公司2020年12月采购、发出原材料——丙材料业务为例，其具体登记方法如下。

步骤一： 登记期初余额。根据期初余额表，登记"原材料——丙材料"账户的期初余额，其中，日期栏的第一行中填写2020年12月1日，第一行的"摘要"栏中填写"期初余额"，"结存"栏内数量列处填写"500"，单价金额列处填写"18"。

步骤二： 根据审核无误的记账凭证继续登记原材料——丙材料数量金额式明细账。将记账凭证中的日期（2020年12月11日）、凭证号及摘要（向北京吉祥公司购买丙材料，已验收入库）分别登记到账簿的第二行"月""日""凭证种类""号数""摘要"栏；将记账凭证的金额90 000元填写到账簿对应方向的借方金额栏（收入栏），并根据采购发票、入库单等后附的原始凭证填写数量（5000kg）、单价（18元/kg）；结出余额，根据公式"结存=上行结存+本行收入−本行发出"得出结存的数量和金额。

提示：

在实际工作中，由于金额除以数量常常不能整除，为了使数量金额式明细账的金额、数量与凭证一致，单价常保留四位以上小数，并用金额除以数量进行倒推。

步骤三：根据审核无误的记账凭证继续登记原材料——丙材料数量金额式明细账。将记账凭证中的日期（2020年12月14日）、凭证号及摘要（领用材料）分别登记到账簿的第三行"月""日""凭证种类""号数""摘要"栏；将记账凭证的金额90 000元填写到账簿对应方向的贷方金额栏（发出栏），并根据出库单等后附的原始凭证填写数量（5000kg）、单价（18元/kg）；结出余额，根据公式"结存=上行结存+本行收入-本行发出"得出结存的数量和金额。

提示：

在实务中，会计人员将凭证中的每个科目登账后，在凭证"记账"处的小方框上打上钩以表示该分录已经登账，整张凭证登账完成后，应在记账凭证签字栏"记账"处签名或盖章，这也是实务中经常说的"过账"。

步骤四：根据审核无误的记账凭证继续登记原材料——丙材料数量金额式明细账。将记账凭证中的日期（2020年12月24日）、凭证号及摘要（结转出售丙材料的成本）分别登记到账簿的第四行"月""日""凭证种类""号数""摘要"栏；将记账凭证的金额9000元填写到账簿对应方向的贷方金额栏（发出栏），并根据出库单等后附的原始凭证填写数量（500kg）、单价（18元/kg）；结出余额，根据公式"结存=上行结存+本行收入-本行发出"得出结存的数量和金额。

提示：

在实务中，有些企业为了保证生产或控制存货成本，会在存货的数量金额式明细账中设置最高和最低限额，也就是说，对存货最高或最低数量的控制，即存货高于某个数量后停止或少量采购，低于某个数量后大量采购，使存货控制在一个合理的水平，具体存货管理方式，请根据企业的实际情况进行。

（三）销售费用明细账的登记

由于成本费用类科目的明细科目较多，为了集中反映这些明细科目的具体发生情况，企业一般采用多栏式明细账，将成本费用类一级科目下的各明细科目金额在一张账页上进行集中登记。以模块三案例背景中的北京昊天机械制造有限责任公司2020年12月发生的销售费用业务为例，其具体登记方法如下。

步骤一：根据审核无误的记账凭证登记销售费用多栏式明细账。将记账凭证中的日期（2020年12月14日）、凭证号及摘要（销售部门领用材料）分别登记到账簿的第一行"月""日""凭证种类""号数""摘要"栏；将记账凭证的金额5000元填写到账簿对应方向的发生额合计栏和材料费栏（借方项目）。

步骤二：根据审核无误的记账凭证登记销售费用多栏式明细账。将记账凭证中的日期（2020年12月20日）、凭证号及摘要（销售部门电费）分别登记到账簿的第二行"月""日""凭证种类""号数""摘要"栏；将记账凭证的金额2000元填写到账簿对应方向的电费栏（借方项目），同时填写发生额合计栏为7000元。

步骤三：根据审核无误的记账凭证登记销售费用多栏式明细账。将记账凭证中的日期（2020年12

月 23 日）、凭证号及摘要（支付产品广告费）分别登记到账簿的第三行"月""日""凭证种类""号数""摘要"栏；将记账凭证的金额 10 000 元填写到账簿对应方向的广告费栏（借方项目），同时填写发生额合计栏为 17 000 元。

步骤四：根据审核无误的记账凭证登记销售费用多栏式明细账。将记账凭证中的日期（2020 年 12 月 25 日）、凭证号及摘要（销售部门人员工资）分别登记到账簿的第四行"月""日""凭证种类""号数""摘要"栏；将记账凭证的金额 176 400 元填写到账簿对应方向的工资费栏（借方项目），同时填写发生额合计栏为 193 400 元。

步骤五：根据审核无误的记账凭证登记销售费用多栏式明细账。将记账凭证中的日期（2020 年 12 月 31 日）、凭证号及摘要（销售部门折旧费）分别登记到账簿的第五行"月""日""凭证种类""号数""摘要"栏；将记账凭证的金额 2000 元填写到账簿对应方向的折旧费栏（借方项目），同时填写发生额合计栏为 195 400 元。

◉ 提示：

期末，会计应将损益类科目转入"本年利润"科目，并结平所有损益类科目，损益结转作为期末账务处理的最后一项工作，应将本期所有经济业务登记到明细账后，再根据相关明细账数据做出账务处理，最后将填制好的记账凭证登记到明细账中。本部分"销售费用"多栏式明细账登记演示过程并未结转转入"本年利润"科目中。

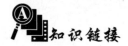

表结法和账结法的区别

会计期末，结转本年利润可采用两种方法，其一为表结法，其二为账结法。

表结法下，各损益类科目每月月末只需结计出本月发生额和月末累计余额，不结转到"本年利润"科目。但每月月末要将损益类科目的本月发生额合计数填入利润表的本月数栏。同时将本月末累计余额填入利润表的本年累计数栏，通过利润表计算反映各期的利润（或亏损）。

账结法下，每月月末均需编制转账凭证，将在账上结计出的各损益类科目的余额结转入"本年利润"科目。结转后"本年利润"科目的本月余额反映当月实现的利润或发生的亏损。

（四）应收账款明细账的登记

◉ 提示：

三栏式明细账通常用来登记只涉及金额核算的账户，例如应收账款、应付账款等往来结算账户，以模块三案例背景中的北京昊天机械制造有限责任公司 2020 年 12 月发生的应收账款——应收北京晨星有限公司货款业务为例，其具体登记方法如下。

步骤一：登记期初余额。根据期初余额表，登记"应收账款——北京晨星有限公司"账户的期初余额，其中，日期栏的第一行中填写 2020 年 12 月 1 日，第一行的"摘要"栏中填写"期初余额"，"借或贷"栏内填写"借"，余额栏内填写"10 000"。

步骤二：根据审核无误的记账凭证登记"应收账款——北京晨星有限公司"三栏式明细账。将记账凭证中的日期（2020年12月23日）、凭证号及摘要（向北京晨星有限公司销售A设备，款未收）分别登记到账簿的第二行"月""日""凭证种类""号数""摘要"栏；将记账凭证的金额226 000元填写到账簿对应方向的借方金额栏，"借或贷"栏内填写"借"。

步骤三：结出余额，根据公式"本行余额=上行余额+本行借方发生额-本行贷方发生额"得出余额236 000，余额栏内填写"236 000"，登记完后，在记账凭证的"记账"处签名，并在凭证分录栏小方框处打钩以表示完成记账。

（五）固定资产总账的登记

◉ 提示：

总账根据总分类科目进行设置，用于记录总账科目（一级科目）的本期发生额和期末余额，以模块三案例背景中的北京昊天机械制造有限责任公司2020年12月发生的固定资产业务为例，其具体登记方法如下。

步骤一：登记期初余额。根据期初余额表，登记"固定资产"账户的期初余额，其中，日期栏的第一行中填写2020年12月1日，第一行的"摘要"栏内填写"期初余额"，"借或贷"栏内填写"借"，"余额"栏内填写"450 000"。

步骤二：根据审核无误的记账凭证登记"固定资产"三栏式总账。将记账凭证中的日期（2020年12月1日）、凭证号（科汇1）及摘要（本期发生额）分别登记到账簿的第二行"月""日""凭证种类""号数""摘要"栏，"借或贷"栏内填写"借"，"借方"栏内填写"14 000 000"。

步骤三：结出余额，根据公式"本行余额=上行余额+本行借方发生额-本行贷方发生额"得出余额14 450 000，"余额"栏内填写"14 450 000"。

◉ 提示：

月末，当本月全部经济业务事项登记入账后，会计应结出各账户的本期发生额和期末余额，在与明细账余额核对相符后，作为编制会计报表的主要依据。

单元三　错账更正方法

布置任务

根据案例背景2，分析错账的类型并能够选择合适的错账更正方法，完成错账的更正。

理论学习

一、错账的常见类型

（一）登账数据错误导致的错账

登账数据错误，主要包括对原始凭证、记账凭证、账簿、报表相关数据核算处理时，由于各种原因导致数据计算或登记入账错误。

（二）记账科目使用不当导致的错账

记账科目使用不当，主要指会计人员由于疏忽大意或误解而产生的错误。

（三）会计政策误用导致的错账

会计政策误用，主要指对国家会计、税收等经济政策、法规、制度误解或误用而导致记账错误。

二、错账更正方法

（一）划线更正法

在结账前发现账簿记录有文字或数字错误，而记账凭证没有错误，采用划线更正法。更正时，应在错误的文字或数字上面划一条红线注销，但必须使原有的笔迹仍可辨认清楚。然后在上方空白处用蓝字填写正确的文字或数字，并在更正处盖记账人员、会计机构负责人（会计主管人员）名章，以明确责任。

◉ 提示：

对于错误数字必须全部用红线注销，不能只划销整个数中的个别位数。对于文字错误，可只划去错误的部分。

（二）红字更正法

红字更正法，是指记账后，在当年内发现由于记账凭证中会计科目名称、记账方向及金额错误而导致账簿记录发生错误而采用的一种错账更正方法。红字更正法具体分为红字全额更正法和红字差额更正法。

1. 红字全额更正法

如果记账后发现记账凭证中的应借、应贷会计科目有错误或借贷方向写错所引起的账簿记录错误，应用红字全额更正法进行更正。

更正时，应先用红字填写一张与错误的记账凭证内容相同的红字记账凭证，然后据此用红字记入账内，并在"摘要"栏中注明"冲销××月××日××号凭证错账"以示注销。同时，用蓝字再编写一张正确的记账凭证，据此用蓝字记入账内，并在"摘要"栏中注明"订正××月××日××号凭证账"。

2. 红字差额更正法

如果记账后发现记账凭证和账簿记录中应借、应贷会计科目、借贷方向无误，只是所记金额大于应记金额所引起的记账错误，应采用红字差额更正法进行更正。

更正时，按多记金额用红字编制一张与原记账凭证应借、应贷科目完全相同的记账凭证，然后据此用红字记入账内，在"摘要"栏中注明"冲销××月××日××号凭证多记金额"。

1. 假定某企业2020年6月30日发现6月16日，企业购入材料5000元，货款尚未支付，编制如

下记账凭证（用会计分录代替，下同）。

借：原材料　　　　　　　　　　　　　　　　　　　　　5000
　　贷：应收账款　　　　　　　　　　　　　　　　　　　　　5000

并根据上述记账凭证，登记"原材料""应收账款"账户。

发现错误后，更正方法如下。

（1）先用红字金额填写一张会计科目与原错误凭证完全相同的记账凭证，在"摘要"栏中写明"冲销 6 月 16 日××号凭证错账"。（用方框标注以代表红字，下同）

借：原材料　　　　　　　　　　　　　　　　　　　　　|5000|
　　贷：应收账款　　　　　　　　　　　　　　　　　　　　　|5000|

（2）根据上述记账凭证，据以用红字登记"原材料""应收账款"账户，以冲销原来错误的账簿记录。

（3）用蓝字编制正确的记账凭证，在"摘要"栏中写明"订正 6 月 16 日××号凭证账"。

借：原材料　　　　　　　　　　　　　　　　　　　　　5000
　　贷：应付账款　　　　　　　　　　　　　　　　　　　　　5000

（4）根据上述记账凭证，据以用蓝字登记"原材料""应付账款"账户。

2. 假定某企业 2020 年 6 月 30 日发现 6 月 18 日企业提取本月管理部门固定资产折旧费 3800 元，编制如下记账凭证（用会计分录代替，下同）。

借：管理费用　　　　　　　　　　　　　　　　　　　　38 000
　　贷：累计折旧　　　　　　　　　　　　　　　　　　　　　38 000

并根据上述记账凭证，登记"管理费用""累计折旧"账户。

发现错误后，更正方法如下。

（1）将多记金额 34 200 元用红字编制一张记账凭证，在"摘要"栏中写明"冲销 6 月 18 日××号凭证多记金额"。

借：管理费用　　　　　　　　　　　　　　　　　　　　|34 200|
　　贷：累计折旧　　　　　　　　　　　　　　　　　　　　　|34 200|

（2）根据上述记账凭证，据以用红字登记"管理费用""累计折旧"账户，以冲销原来多记的账簿记录。

（三）补充登记法

记账后发现记账凭证和账簿记录中应借、应贷会计科目和记账方向无误，只是所记金额小于应记金额时，采用补充登记法。

进行更正时，将少记金额用蓝字编制一张与原记账凭证应借、应贷科目完全相同的记账凭证，然后用蓝字记入账内，并在"摘要"栏中注明："补记××月××日××号凭证少记金额"。

学一学

假定某企业 2020 年 6 月 30 日发现 6 月 20 日，企业为生产产品领用原材料 8400 元，编制如下记账凭证（用会计分录代替，下同）。

借：生产成本　　　　　　　　　　　　　　　　　　　　　3600
　　贷：原材料　　　　　　　　　　　　　　　　　　　　　　3600

并根据上述记账凭证，登记"生产成本""原材料"账户。

发现错误后，更正方法如下。

（1）用蓝字填写一张记账凭证，金额为少记的金额4800元，在"摘要"栏中写明"补记6月20日××号凭证少记金额"。

借：生产成本　　　　　　　　　　　　　　　　　　　　　4800
　　贷：原材料　　　　　　　　　　　　　　　　　　　　　　4800

（2）根据上述记账凭证，据以登记"生产成本""原材料"账户，以补充原来少记的金额。

案例分析及业务操作

根据案例背景2，各业务更正操作如下。

【业务4-1】

◉ 提示：

因记账凭证无误，账簿记录有误，因此采用划线更正法更正，具体的做法是：首先，在错误的金额正中划单红线；其次，在错误记录的上方空白处用蓝字填写正确的数字；最后，由会计人员和会计机构负责人在更正处盖章以明确责任。

正确的更正方法：在"应付利息"总账中将1450全部用红线划销，然后将正确的数字1540写在错误的数字1450的上方，并由会计人员和会计机构负责人（会计主管）在更正处盖章，以明确责任。

【业务4-2】

◉ 提示：

因记账凭证中会计科目正确，但所记金额大于应记金额，因此采用红字更正法更正。

正确的更正方法：更正时，应将多记金额2700元用红字填写一张与原错误的记账凭证内容完全相同的红字记账凭证，然后据此用红字记入账内，并在"摘要"栏中注明"冲销××月××日××号凭证多记金额"以示注销。

【业务4-3】

◉ 提示：

因记账凭证中会计科目正确，但所记金额小于应记金额，因此采用补充登记法更正。

正确的更正方法：更正时，应将少记金额180元用蓝字填写一张与原错误的记账凭证内容完全相同的记账凭证，然后据此登记入账，并在"摘要"栏中注明"补充××月××日××号凭证少记金额"。

固基强技

单元四　对账与结账

布置任务

根据本模块案例背景，请对北京昊天机械制造有限责任公司 2020 年 12 月的各种账簿记录进行核对，以库存现金、银行存款总分类账和日记账为例进行核对，并办理结账。

理论学习

一、对账

对账就是核对账目，是对账簿记录所进行的核对工作。对账一般可以分为账证核对、账账核对和账实核对。

（一）账证核对

账簿是根据经过审核之后的会计凭证登记的，但在实际工作中仍有可能发生账证不符的情况，记账后，应将账簿记录与会计凭证核对，核对账簿记录与原始凭证、记账凭证的时间、凭证字号、内容、金额等是否一致，记账方向是否相符，做到账证相符。

（二）账账核对

账账核对是指核对不同会计账簿之间的账簿记录是否相符。主要包括以下内容。

1. 总分类账簿之间的核对

核对总分类账各账户借方期末余额合计数与贷方期末余额合计数是否相等，借方本期发生额合计数与贷方本期发生额合计数是否相等。

2. 总分类账簿与所属明细分类账簿之间的核对

核对总分类账各账户的期末余额与其所属各明细分类账户的期末余额之和是否相等，总分类账各账户的本期发生额与其所属各明细分类账户的本期发生额之和是否相等。

3. 总分类账簿与序时账簿之间的核对

主要核对总分类账中"库存现金"账户和"银行存款"账户的期末余额与相对应的日记账的期末余额是否相等。

4. 明细分类账簿之间的核对

会计部门的财产物资明细账与财产物资保管、使用部门的有关明细账核对，主要核对会计部门的各种财产物资明细账期末余额与财产物资保管、使用部门的有关财产物资明细账期末余额是否相等。

（三）账实核对

账实核对是指各项财产物资、债权债务等账面余额与实有数额之间的核对。具体内容包括以下几个方面。

(1) 库存现金日记账账面余额与库存现金实际库存数逐日核对是否相符。
(2) 银行存款日记账账面余额与银行对账单的余额定期核对是否相符。
(3) 各项财产物资明细账账面余额与财产物资的实有数额定期核对是否相符。
(4) 有关债权债务明细账账面余额与对方单位的债权债务账面记录核对是否相符等。

二、结账

(一) 结账的概念

结账是一项将账簿记录定期结算清楚的工作,在一定时期结束时(如月末、季末或年末),为了编制财务报表,需要进行结账,具体包括月结、季结和年结。结账的内容通常包括两个方面:一是结清各种损益类账户,并据以计算确定本期利润;二是结出各资产、负债和所有者权益账户的本期发生额合计和期末余额。

(二) 结账的程序

(1) 结账前,将本期发生的经济业务全部登记入账,并保证其正确性。对于发现的错误,应采用适当的方法进行更正。
(2) 在本期经济业务全面入账的基础上,根据权责发生制的要求,调整有关账项,合理确定应计入本期的收入和费用。
(3) 将各损益类账户余额全部转入"本年利润"账户,结平所有损益类账户。
(4) 结出资产、负债和所有者权益账户的本期发生额和余额,并转入下期。

(三) 结账的方法

(1) 对不需按月结计本期发生额的账户,每次记账以后,都要随时结出余额,每月最后一笔余额是月末余额,即月末余额就是本月最后一笔经济业务记录的同一行内余额。月末结账时,只需要在最后一笔经济业务记录之下通栏划单红线,不需要再次结计余额。
(2) 库存现金、银行存款日记账和需要按月结计发生额的收入、费用等明细账,每月结账时,要在最后一笔经济业务记录下面通栏划单红线,结出本月发生额和余额,在"摘要"栏内注明"本月合计"字样,并在下面通栏划单红线。
(3) 对于需要结计本年累计发生额的明细账户,每月结账时,应在"本月合计"行下结出自年初起至本月末止的累计发生额,登记在月份发生额下面,在"摘要"栏内注明"本年累计"字样,并在下面通栏划单红线。12月末的"本年累计"就是全年累计发生额,全年累计发生额下通栏划双红线。
(4) 总账账户平时只需结出月末余额。年终结账时,为了总括地反映全年各项资金运动情况的全貌,核对账目,要将所有总账账户结出全年发生额和年末余额,在"摘要"栏内注明"本年合计"字样,并在合计数下通栏划双红线。
(5) 年度终了结账时,有余额的账户,应将其余额结转下年,并在"摘要"栏内注明"结转下年"

字样；在下一会计年度新建有关账户的第一行余额栏内填写上年结转的余额，并在"摘要"栏内注明"上年结转"字样，使年末有余额账户的余额如实地在账户中加以反映，以免混淆有余额的账户和无余额的账户。

三、会计账簿的更换

会计账簿的更换是指在会计年度终了，将上年旧账更换为次年新账。更换新账的程序是：年度终了，在本年有余额的账户"摘要"栏内注明"结转下年"字样。在更换新账时，注明各账户的年份，在第一行日期栏内写明1月1日；凭证种类、号数栏空置不填；在新账"摘要"栏内注明"上年结转"字样，将各账户的年末余额直接抄写入新账余额栏内，并注明余额的借贷方向。过入新账的有关账簿余额的结转事项，不需要编制记账凭证。在新的会计年度建账，并不是所有账簿都更换为新的。一般来说，库存现金日记账、银行存款日记账、总分类账、大多数明细分类账应每年更换一次。但是，有些财产物资明细账和债权债务明细账，由于材料品种、规格和往来单位较多，更换新账，重抄一遍，工作量较大，因此，可以跨年度使用，不必每年更换一次。第二年使用时，可直接在上年终了的双红线下面记账，各种备查账簿也可以连续使用。

四、会计账簿的保管

年度终了，各种账户在结转下年、建立新账后，一般应将旧账集中统一管理。会计账簿暂由本单位财务会计部门保管一年，期满后，由本单位财务会计部门编造清册移交本单位的档案部门保管。各种账簿应当按年度分类归档，编造目录，妥善保管。既保证在需要时迅速查阅，又保证各种账簿的安全和完整。保管期满后，还要按照规定的审批程序经批准后才能销毁。

案例分析及业务操作

账账核对包括总分类账簿之间的核对、总分类账簿与所属明细分类账簿之间的核对、总分类账簿与序时账簿之间的核对、明细分类账簿之间的核对。其中，库存现金日记账必须每天与库存现金核对相符，银行存款日记账也必须定期与银行对账，在此基础上，还应检查库存现金总账和银行存款总账的期末余额，与库存现金日记账和银行存款日记账的期末余额之间进行核对，如果核对一致，在"核对"处划"√"表示相符。办理结账时，必须按照结账的规定程序和方法进行。

会计工作粗心，差点让公司损失好几亿

在会计工作中不能容忍半点马虎，严谨的工作态度是将会计工作做好的基础。在《会计职业道德规范》中要求会计从业人员，要正确认识会计职业，树立职业荣誉感；热爱会计工作，敬重会计职业；

安心工作，任劳任怨；严肃认真，一丝不苟；忠于职守，尽职尽责。会计工作主要与数字打交道，工作内容细微，却往往责任重大，稍微马虎可能给企业造成巨额的损失，甚至是触犯法律。因此，做会计工作一定要格外谨慎。

会计工作要谨慎

思考：在会计工作中如何避免出现差错？

模块总结

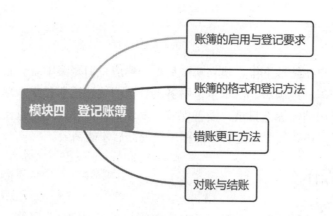

模块四　登记账簿
- 账簿的启用与登记要求
- 账簿的格式和登记方法
- 错账更正方法
- 对账与结账

模块五　选择应用账务处理程序

知识目标

1. 了解企业账务处理程序的概念与意义;
2. 熟悉账务处理程序的一般步骤;
3. 掌握企业账务处理程序的种类;
4. 掌握记账凭证账务处理程序的内容;
5. 掌握科目汇总表账务处理程序的内容;
6. 掌握汇总记账凭证账务处理程序的内容。

能力目标

1. 能够熟练掌握记账凭证账务处理程序;
2. 能够熟练掌握科目汇总表账务处理程序。

案例背景

里奥公司为增值税一般纳税人,增值税税率为13%。材料采用实际成本法核算,企业所得税税率为25%。里奥公司2020年12月初的各项资料如表5-1所示。

表5-1　总分类账户期初余额表(简表)

金额单位:元

账户名称	借方余额	贷方余额
库存现金	900	
银行存款	180 000	
应收账款	28 300	
原材料	63 000	
库存商品	32 000	
短期借款		34 300
应交税费		3000
应付账款		5000
实收资本		244 000
本年利润		17 900
合　计	304 200	304 200

2020年12月,里奥公司发生下列经济业务。

【业务5-1】12月1日,里奥公司收到国家投入资本60 000元,已存入银行。

【业务 5-2】12 月 3 日，里奥公司从和平公司购进 A 材料 800kg，价格为 50 元/kg，增值税进项税额为 5200 元，共计 45 200 元，材料已验收入库，款项已用银行存款支付。

【业务 5-3】12 月 7 日，里奥公司生产甲产品领用 A 材料 300kg，成本为 50 元/kg，共计 15 000 元。

【业务 5-4】12 月 9 日，南海公司偿还货款 28 300 元，货款已收，并已存入银行。

【业务 5-5】12 月 10 日，里奥公司销售甲产品 200 件给兴旺公司，每件 300 元，增值税销项税额为 7800 元，共计 67 800 元。货款已收到，并已存入银行。

【业务 5-6】12 月 10 日，里奥公司用银行存款归还前欠利新公司货款 2000 元。

【业务 5-7】12 月 12 日，里奥公司用银行存款归还短期借款 6000 元。

【业务 5-8】12 月 15 日，里奥公司销售甲产品 100 件给吉祥公司，每件 190 元，增值税销项税额为 2470 元，共计 21 470 元，货款尚未收到。

【业务 5-9】12 月 17 日，张前出差，预借差旅费 800 元，出纳支付现金 800 元。

【业务 5-10】12 月 18 日，里奥公司用银行存款支付产品广告费 3800 元。

【业务 5-11】12 月 22 日，张前出差归来，报销差旅费 700 元，余额 100 元退回。

【业务 5-12】12 月 24 日，里奥公司从银行提取现金 2800 元备用。

【业务 5-13】12 月 25 日，里奥公司用现金 2500 元支付职工培训讲课费。

【业务 5-14】12 月 31 日，结转本月销售产品成本 29 000 元。

【业务 5-15】12 月 31 日，将本月损益类账户的余额转入"本年利润"账户。

【业务 5-16】计算并结转所得税 10 750 元。

【业务 5-17】将本期净利润转入"利润分配"账户。

单元一　记账凭证账务处理程序

布置任务

分析里奥公司 2020 年 12 月发生的经济业务，根据经济业务相关理论知识，正确地填制记账凭证，思考记账凭证账务处理程序，从而完成公司本期经济业务的账务处理。

理论学习

记账凭证账务处理程序是指对发生的经济业务，先根据原始凭证或汇总原始凭证填制记账凭证，再直接根据记账凭证登记总分类账的一种账务处理程序。

账务处理程序

一、记账凭证账务处理程序的一般步骤

记账凭证账务处理程序的一般步骤如下（见图 5-1）。
（1）根据原始凭证填制汇总原始凭证。
（2）根据原始凭证或汇总原始凭证填制收款凭证、付款凭证和转账凭证，也可以填制通用记账凭证。
（3）根据收款凭证和付款凭证逐笔登记库存现金日记账和银行存款日记账。
（4）根据原始凭证、汇总原始凭证和记账凭证登记各种明细分类账。

(5) 根据记账凭证逐笔登记总分类账。

(6) 期末,将库存现金日记账、银行存款日记账和明细分类账的余额与有关总分类账的余额核对相符。

(7) 期末,根据总分类账和明细分类账的记录,编制财务报表。

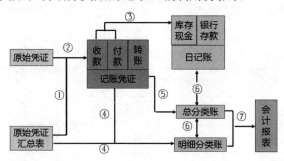

图 5-1　记账凭证账务处理程序

二、记账凭证账务处理程序的特点、优缺点和适用范围

(1) 特点:直接根据记账凭证对总分类账进行逐笔登记。

(2) 优点:简单明了,易于理解;总分类账可以较详细地反映经济业务的发生情况。

(3) 缺点:登记总分类账的工作量较大。

(4) 适用范围:规模较小、经济业务量较少的单位。

案例分析及业务操作

根据背景业务,按照记账凭证账务处理程序进行操作。

步骤一:

根据背景业务资料,填制收款凭证、付款凭证和转账凭证,如图 5-2～图 5-21 所示。

【业务 5-1】

收 款 凭 证

借方科目 银行存款　　　　　　2020 年 12 月 1 日　　　　　　银收字第 01 号

摘要	贷方科目		记账	金　额									
	总账科目	明细科目		亿	千	百	十	万	千	百	十	元	角	分
国家投入资本	实收资本	国家股					6	0	0	0	0	0	0
附单据 1 张	合　　计					¥	6	0	0	0	0	0	0

会计主管　　　　　　记账　　　　　　出纳　　　　　　审核　　　　　　制单

图 5-2　收款凭证(1)

【业务 5-2】

付 款 凭 证

贷方科目 银行存款　　　　　2020 年 12 月 3 日　　　　　银付字第 01 号

摘要	贷方科目		记账	金　　额										
	总账科目	明细科目		亿	千	百	十	万	千	百	十	元	角	分
支付购料款	原材料	A 材料						4	0	0	0	0	0	0
	应交税费	应交增值税（进项税额）							5	2	0	0	0	0
附单据 1 张	合　　　　计			¥				4	5	2	0	0	0	0

会计主管　　　　记账　　　　出纳　　　　审核　　　　制单

图 5-3　付款凭证（1）

【业务 5-3】

转 账 凭 证

2020 年 12 月 7 日　　　　　转 字第 01 号

摘要	总账科目	明细科目	借方金额											贷方金额											记账
			亿	千	百	十	万	千	百	十	元	角	分	亿	千	百	十	万	千	百	十	元	角	分	
生产领用材料	生产成本	甲产品					1	5	0	0	0	0	0												
	原材料	A 材料																1	5	0	0	0	0	0	
附单据 1 张	合　　计		¥				1	5	0	0	0	0	0	¥				1	5	0	0	0	0	0	

会计主管　　　　记账　　　　出纳　　　　审核　　　　制单

图 5-4　转账凭证（1）

【业务 5-4】

收 款 凭 证

借方科目 <u>银行存款</u>　　　　　2020 年 12 月 9 日　　　　　银收字第 <u>02</u> 号

摘要	贷方科目		记账	金额
	总账科目	明细科目		亿 千 百 十 万 千 百 十 元 角 分
收取南海公司前欠货款	应收账款	南海公司		2 8 3 0 0 0 0
附单据 1 张	合　　　计			¥ 2 8 3 0 0 0 0

会计主管　　　　记账　　　　出纳　　　　审核　　　　制单

图 5-5　收款凭证（2）

【业务 5-5】

收 款 凭 证

借方科目 <u>银行存款</u>　　　　　2020 年 12 月 10 日　　　　　银收字第 <u>03</u> 号

摘要	贷方科目		记账	金额
	总账科目	明细科目		亿 千 百 十 万 千 百 十 元 角 分
产品销售收入	主营业务收入	甲产品		6 0 0 0 0 0 0
	应交税费	应交增值税（销项税额）		7 8 0 0 0 0
附单据 1 张	合　　　计			¥ 6 7 8 0 0 0 0

会计主管　　　　记账　　　　出纳　　　　审核　　　　制单

图 5-6　收款凭证（3）

【业务5-6】

付 款 凭 证

贷方科目 银行存款　　　　　　2020 年 12 月 10 日　　　　　　　　银付字第 02 号

摘要	借方科目		记账	金　额									
	总账科目	明细科目		亿	千	百	十	万	千	百	十	元	角	分
归还前欠货款	应付账款	利新公司						2	0	0	0	0	0
附单据 1 张	合　　计			¥				2	0	0	0	0	0

会计主管　　　　记账　　　　出纳　　　　审核　　　　制单

图 5-7　付款凭证（2）

【业务5-7】

付 款 凭 证

贷方科目 银行存款　　　　　　2020 年 12 月 12 日　　　　　　　　银付字第 03 号

摘要	借方科目		记账	金　额									
	总账科目	明细科目		亿	千	百	十	万	千	百	十	元	角	分
归还短期借款	短期借款							6	0	0	0	0	0
附单据 1 张	合　　计			¥				6	0	0	0	0	0

会计主管　　　　记账　　　　出纳　　　　审核　　　　制单

图 5-8　付款凭证（3）

【业务 5-8】

转 账 凭 证

2020 年 12 月 15 日　　　　　　　　　　　　　　　　　转 字第 02 号

摘要	总账科目	明细科目	借方金额										贷方金额										记账
			亿	千	百	十	万	千	百	十	元	角	分	亿	千	百	十	万	千	百	十	元	角	分	
赊销产品	应收账款	吉祥公司				2	1	4	7	0	0	0													
	主营业务收入	甲产品															1	9	0	0	0	0	0	
	应交税费	应交增值税（销项税额）																	2	4	7	0	0	0	
附单据 1 张	合　　　计				¥	2	1	4	7	0	0	0				¥	2	1	4	7	0	0	0	

会计主管　　　　　记账　　　　　出纳　　　　　审核　　　　　制单

图 5-9　转账凭证（2）

【业务 5-9】

付 款 凭 证

贷方科目 库存现金　　　　　2020 年 12 月 17 日　　　　　　现付字第 01 号

摘要	借方科目		记账	金　　　额										
	总账科目	明细科目		亿	千	百	十	万	千	百	十	元	角	分
预借差旅费	其他应收款	张前								8	0	0	0	0
附单据 1 张	合　　　计								¥	8	0	0	0	0

会计主管　　　　　记账　　　　　出纳　　　　　审核　　　　　制单

图 5-10　付款凭证（4）

【业务 5-10】

付 款 凭 证

贷方科目 <u>银行存款</u>　　　　　2020 年 12 月 18 日　　　　　银付字第 <u>04</u> 号

摘要	借方科目		记账	金　额									
	总账科目	明细科目		亿	千	百	十	万	千	百	十	元	角	分
支付广告费	销售费用	广告费							3	8	0	0	0	0
附单据 1 张	合　　计								¥	3	8	0	0	0	0

会计主管　　　　记账　　　　出纳　　　　审核　　　　制单

图 5-11　付款凭证（5）

【业务 5-11】

收 款 凭 证

借方科目 <u>库存现金</u>　　　　　2020 年 12 月 22 日　　　　　现收字第 <u>01</u> 号

摘要	贷方科目		记账	金　额									
	总账科目	明细科目		亿	千	百	十	万	千	百	十	元	角	分
差旅费报销，退回多余款	其他应收款	张前								1	0	0	0	0
附单据 1 张	合　　计									¥	1	0	0	0	0

会计主管　　　　记账　　　　出纳　　　　审核　　　　制单

图 5-12　收款凭证（4）

转 账 凭 证

2020 年 12 月 22 日　　　　　　　　　　　　　　　转 字第 03 号

摘要	总账科目	明细科目	借方金额 亿千百十万千百十元角分	贷方金额 亿千百十万千百十元角分	记账
报销差旅费	管理费用	差旅费	7 0 0 0 0		
	其他应收款	张前		7 0 0 0 0	
附单据 1 张	合　　计		¥ 7 0 0 0 0	¥ 7 0 0 0 0	

会计主管　　　　　　记账　　　　　　出纳　　　　　　审核　　　　　　制单

图 5-13　转账凭证（3）

【业务 5-12】

付 款 凭 证

贷方科目 银行存款　　　　　　2020 年 12 月 24 日　　　　　　银付字第 05 号

摘要	借方科目		记账	金　　额
	总账科目	明细科目		亿千百十万千百十元角分
提现	库存现金			2 8 0 0 0 0
附单据 1 张	合　　计			¥ 2 8 0 0 0 0

会计主管　　　　　　记账　　　　　　出纳　　　　　　审核　　　　　　制单

图 5-14　付款凭证（6）

【业务 5-13】

付 款 凭 证

贷方科目 库存现金　　　　2020 年 12 月 25 日　　　　现付字第 02 号

摘要	借方科目		记账	金　额									
	总账科目	明细科目		亿	千	百	十	万	千	百	十	元	角	分
支付讲课培训费	管理费用	培训费							2	5	0	0	0	0
附单据 1 张	合　　　计							¥	2	5	0	0	0	0

会计主管　　　　记账　　　　出纳　　　　审核　　　　制单

图 5-15　付款凭证（7）

【业务 5-14】

转 账 凭 证

2020 年 12 月 31 日　　　　转 字第 04 号

摘要	总账科目	明细科目	借方金额										贷方金额										记账
			亿	千	百	十	万	千	百	十	元	角	分	亿	千	百	十	万	千	百	十	元	角	分	
结转销售成本	主营业务成本	甲产品					2	9	0	0	0	0	0												
	库存商品	甲产品																2	9	0	0	0	0	0	
附单据 1 张	合　　计						¥	2	9	0	0	0	0	0					¥	2	9	0	0	0	0	0

会计主管　　　　记账　　　　出纳　　　　审核　　　　制单

图 5-16　转账凭证（4）

【业务 5-15】

转 账 凭 证

2020 年 12 月 31 日　　　　　　　　　　　　转 字第 05 号

摘要	总账科目	明细科目	借方金额											贷方金额											记账
			亿	千	百	十	万	千	百	十	元	角	分	亿	千	百	十	万	千	百	十	元	角	分	
结转本月收入	主营业务收入					7	9	0	0	0	0	0	0												
	本年利润																	7	9	0	0	0	0	0	0	
附单据 1 张	合　　计					¥	7	9	0	0	0	0	0	0				¥	7	9	0	0	0	0	0	0	

会计主管　　　　记账　　　　出纳　　　　审核　　　　制单

图 5-17　转账凭证（5）

转 账 凭 证

2020 年 12 月 31 日　　　　　　　　　　　　转 字第 06 号

摘要	总账科目	明细科目	借方金额											贷方金额											记账
			亿	千	百	十	万	千	百	十	元	角	分	亿	千	百	十	万	千	百	十	元	角	分	
结转本月成本费用	本年利润						3	6	0	0	0	0	0												
	管理费用																		3	2	0	0	0	0	
	销售费用																		3	8	0	0	0	0	
	主营业务成本																		2	9	0	0	0	0	
附单据 1 张	合　　计						¥	3	6	0	0	0	0	0					¥	3	6	0	0	0	0	0	

会计主管　　　　记账　　　　出纳　　　　审核　　　　制单

图 5-18　转账凭证（6）

【业务 5-16】

转 账 凭 证

2020 年 12 月 31 日　　　　　　　　　　　　　　转 字第 07 号

摘要	总账科目	明细科目	借方金额 亿千百十万千百十元角分	贷方金额 亿千百十万千百十元角分	记账
计算所得税费用	所得税费用		1 0 7 5 0 0 0		
	应交税费	应交所得税		1 0 7 5 0 0 0	
附单据 1 张	合　　计		¥ 1 0 7 5 0 0 0	¥ 1 0 7 5 0 0 0	

会计主管　　　　记账　　　　出纳　　　　审核　　　　制单

图 5-19　转账凭证（7）

转 账 凭 证

2020 年 12 月 31 日　　　　　　　　　　　　　　转 字第 08 号

摘要	总账科目	明细科目	借方金额 亿千百十万千百十元角分	贷方金额 亿千百十万千百十元角分	记账
计算所得税费用	本年利润		1 0 7 5 0 0 0		
	所得税费用			1 0 7 5 0 0 0	
附单据 1 张	合　　计		¥ 1 0 7 5 0 0 0	¥ 1 0 7 5 0 0 0	

会计主管　　　　记账　　　　出纳　　　　审核　　　　制单

图 5-20　转账凭证（8）

【业务 5-17】

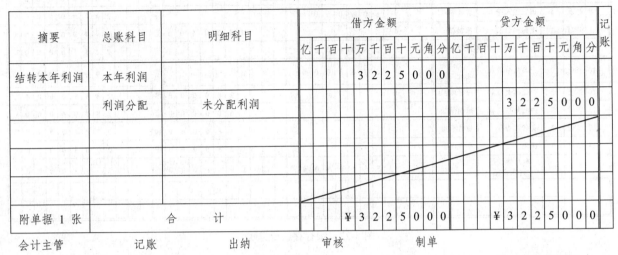

图 5-21 转账凭证（9）

步骤二：

根据编制的收款凭证、付款凭证逐日逐笔登记库存现金和银行存款日记账，如图 5-22 和图 5-23 所示。

库存现金日记账

年		凭证		摘要	对方科目	借方										贷方										借或贷	余额										核对
月	日	种类	号数			亿	千	百	十	万	千	百	十	元	角	分	亿	千	百	十	万	千	百	十	元	角	分		亿	千	百	十	万	千	百	十	元	角	分	
12	1			期初余额																								借					9	0	0	0	0			✓
	17	现付	1	预借差旅费	其他应收款																	8	0	0	0	0	借					1	0	0	0	0			✓
	22	现收	1	报销退回	其他应收款							1	0	0	0	0											借					2	0	0	0	0			✓
	24	银付	5	提现	银行存款						2	8	0	0	0	0											借					3	0	0	0	0			✓
	25	现付	2	支付讲课培训费	管理费用																	2	5	0	0	0	借					5	0	0	0	0			✓
				本月合计及月末余额							2	9	0	0	0	0							3	3	0	0	0	借					5	0	0	0	0			
				过次页																																			

图 5-22 库存现金日记账

银行存款日记账

年		凭证		摘要	对方科目	借方 亿千百十万千百十元角分	贷方 亿千百十万千百十元角分	借或贷	余额 亿千百十万千百十元角分	核对
月	日	种类	号数							
12	1			期初余额				借	1 8 0 0 0 0 0 0	√
	1	银收	1	国家投入资本	实收资本	6 0 0 0 0 0 0		借	2 4 0 0 0 0 0 0	√
	3	银付	1	支付购料款	原材料		4 5 2 0 0 0 0	借	1 9 4 8 0 0 0 0	√
	9	银收	2	收回货款	应收账款	2 8 3 0 0 0 0		借	2 2 3 1 0 0 0 0	√
	10	银收	3	产品销售收入	主营业务收入	6 7 8 0 0 0 0		借	2 9 0 9 0 0 0 0	√
	10	银付	2	归还前欠货款	应付账款		2 0 0 0 0 0	借	2 8 8 9 0 0 0 0	√
	12	银付	3	归还短期借款	短期借款		6 0 0 0 0 0	借	2 8 2 9 0 0 0 0	√
	18	银付	4	支付广告费	销售费用		3 8 0 0 0 0	借	2 7 9 1 0 0 0 0	√
	24	银付	5	提现	库存现金		2 8 0 0 0 0	借	2 7 6 3 0 0 0 0	√
				本月合计及月末余额		1 5 6 1 0 0 0 0	5 9 8 0 0 0 0	借	2 7 6 3 0 0 0 0	
				过次页						

图 5-23 银行存款日记账

步骤三：

根据本月发生的业务（记账凭证和原始凭证汇总表等）和期初有关明细账资料，登记其他各种明细分类账。因为篇幅的关系，此处省略各明细分类账的登记。

步骤四：

根据本月发生的业务（记账凭证）和期初有关总账资料，登记总分类账。因为篇幅的关系，此处省略各总分类账的登记。

步骤五：

期末对账，根据有关总账和明细账资料，编制里奥公司 12 月的"资产负债表"和"利润表"，完成记账凭证账务处理程序。此处省略该步骤，请同学们在学完编制财务报表这一模块后，自行完成该步骤。

固基强技

单元二 科目汇总表账务处理程序

布置任务

分析里奥公司 2020 年 12 月发生的经济业务，根据经济业务相关理论知识，思考科目汇总表账务处理程序，从而完成公司本期经济业务的账务处理。

理论学习

科目汇总表账务处理程序，又称作记账凭证汇总表账务处理程序，是指根据记账凭证定期编制科目汇总表，再根据科目汇总表登记总分类账的一种账务处理程序。科目汇总表示例如图 5-24 所示。

科目汇总表

年　　月

会 计 科 目	本期发生额		期 末 余 额	
	借　方	贷　方	借　方	贷　方
现金				
银行存款				
应收账款				
预付账款				
其他应收款				
固定资产				
累计折旧				
待摊费用				
应付账款				
其他应付款				
应付工资				
应付福利费				
预收账款				
预提费用				
应交税费				
长期应付款				
本年利润				
利润分配				
营业收入				
营业外收入				
营业成本				
销售费用				
管理费用				
财务费用				
营业外支出				
税金及附加				
合　计				

图 5-24　科目汇总表示例

一、科目汇总表编制方法

科目汇总表，又称作记账凭证汇总表，是企业通常定期对全部记账凭证进行汇总后，按照不同的会计科目分别列示各账户借方发生额和贷方发生额的一种汇总凭证。科目汇总表的编制方法是，根据一定时期内的全部记账凭证，按照会计科目进行归类，定期汇总出每一个账户的借方本期发生额和贷方本期发生额，填写在科目汇总表的相关栏内。科目汇总表可按旬汇总，但每月只编制一张，也可每旬汇总一次编制一张。任何格式的科目汇总表都只反映各个账户的借方本期发生额和贷方本期发生额，不反映各个账户之间的对应关系。

二、科目汇总表账务处理程序的一般步骤

科目汇总表账务处理程序的一般步骤如下（见图 5-25）。
（1）根据原始凭证填制汇总原始凭证。
（2）根据原始凭证或汇总原始凭证填制记账凭证。
（3）根据收款凭证、付款凭证逐笔登记库存现金日记账和银行存款日记账。
（4）根据原始凭证、汇总原始凭证和记账凭证登记各种明细分类账。
（5）根据各种记账凭证编制科目汇总表。
（6）根据科目汇总表登记总分类账。
（7）期末，将库存现金日记账、银行存款日记账和明细分类账的余额同有关总分类账的余额核对相符。
（8）期末，根据总分类账和明细分类账的记录编制财务报表。

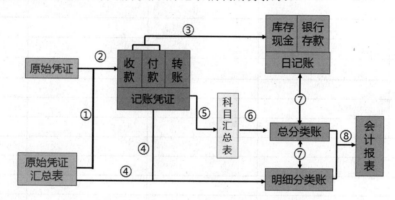

图 5-25 科目汇总表账务处理程序

三、科目汇总表账务处理程序的特点、优缺点和适用范围

（1）特点：根据科目汇总表登记总分类账。
（2）优点：减轻了登记总分类账的工作量，易于理解，方便学习，并可做到试算平衡。
（3）缺点：不能反映各个账户之间的对应关系，不利于对账目进行检查。
（4）适用范围：适用于所有经济类型的单位，尤其是经济业务较多的单位。

案例分析及业务操作

根据背景业务，按照科目汇总表账务处理程序进行操作。
步骤一：
根据背景业务资料，填制收款凭证、付款凭证和转账凭证。
步骤二：
根据所编制的收款凭证、付款凭证逐日逐笔登记库存现金日记账和银行存款日记账。

步骤三：

根据原始凭证、汇总原始凭证和记账凭证，登记其他各种明细分类账。

步骤四：

编制科目汇总表。现以根据背景业务资料填制的图 5-2～图 5-21 记账凭证为依据，采用汇总的方法对记账凭证定期（半个月）编制科目汇总表。

（1）12 月 1 日至 12 月 15 日。

① "T" 型账户归集

借　银行存款　贷	借　实收资本　贷	借　原材料　贷
60 000　｜　45 200	｜　60 000	40 000　｜　15 000
28 300　｜　2000		
67 800　｜　6000		
156 100　｜　53 200	｜　60 000	40 000　｜　15 000

借　应交税费　贷	借　生产成本　贷	借　应收账款　贷
5200　｜　7800	15 000　｜	21 470　｜　28 300
｜　2470		
5200　｜　10 270	15 000　｜	21 470　｜　28 300

借　主营业务收入　贷	借　应付账款　贷	借　短期借款　贷
｜　60 000	2000　｜	6000　｜
｜　19 000		
｜　79 000	2000　｜	6000　｜

② 根据 "T" 型账户归集后的金额编制科目汇总表，如表 5-2 所示。

表 5-2　科目汇总表

2020 年 12 月 1 日至 15 日　　　　　　　　　　　　　　　　　　　　　汇字第 1 号

会 计 科 目	借方发生额	贷方发生额
银行存款	156 100	53 200
实收资本		60 000
原材料	40 000	15 000
应交税费	5200	10 270
生产成本	15 000	
应收账款	21 470	28 300
主营业务收入		79 000
应付账款	2000	
短期借款	6000	
合计	245 770	245 770

(2) 12月16日至12月31日。

① "T"型账户归集。

借　其他应收款　贷	借　库存现金　贷	借　销售费用　贷
800 | 100	100 | 800	3800 | 3800
| 700	2800 | 2500	
800 | 800	2900 | 3300	3800 | 3800

借　银行存款　贷	借　管理费用　贷	借　主营业务成本　贷
| 3800	700 | 3200	29 000 | 29 000
| 2800	2500 |	
| 6600	3200 | 3200	29 000 | 29 000

借　主营业务收入　贷	借　库存商品　贷	借　本年利润　贷
79 000 |	| 29 000	36 000 | 79 000
		10 750 |
		32 250 |
79 000 |	| 29 000	79 000 | 79 000

借　应交税费　贷	借　所得税费用　贷	借　利润分配　贷
| 10 750	10 750 | 10 750	| 32 250
| 10 750	10 750 | 10 750	| 32 250

② 根据"T"型账户归集后的金额编制科目汇总表，如表 5-3 所示。

表 5-3　科目汇总表

2020 年 12 月 16 日至 31 日　　　　　　　　　　　　　　汇字第 2 号

会 计 科 目	借方发生额	贷方发生额
库存现金	2900	3300
银行存款		6600
其他应收款	800	800
库存商品		29 000
管理费用	3200	3200
销售费用	3800	3800
主营业务成本	29 000	29 000
主营业务收入	79 000	
本年利润	79 000	79 000
应交税费		10 750
所得税费用	10 750	10 750
利润分配		32 250
合　　计	208 450	208 450

步骤五：

根据科目汇总表登记总分类账，如图 5-26 和图 5-27 所示（因为篇幅的关系，此处仅以库存现金总账、银行存款总账为例）。

库存现金总账

年		凭证		摘要	对方科目	借方 亿千百十万千百十元角分	贷方 亿千百十万千百十元角分	借或贷	余额 亿千百十万千百十元角分	核对
月	日	种类	号数							
12	1			期初余额				借	9 0 0 0 0	√
	31	汇	2	16—31日汇总过入		2 9 0 0 0 0	3 3 0 0 0 0	借	5 0 0 0 0	√
	31			本月合计及月末余额		2 9 0 0 0 0	3 3 0 0 0 0	借	5 0 0 0 0	
				过次页						

图 5-26　库存现金总账

银行存款总账

年		凭证		摘要	对方科目	借方 亿千百十万千百十元角分	贷方 亿千百十万千百十元角分	借或贷	余额 亿千百十万千百十元角分	核对
月	日	种类	号数							
12	1			期初余额				借	1 8 0 0 0 0 0 0	√
	15	汇	1	1—15日汇总过入		1 5 6 1 0 0 0 0	5 3 2 0 0 0 0	借	2 8 2 9 0 0 0 0	√
	31	汇	2	16—31日汇总过入			6 6 0 0 0 0	借	2 7 6 3 0 0 0 0	√
	31			本月合计及月末余额		1 5 6 1 0 0 0 0	5 9 8 0 0 0 0	借	2 7 6 3 0 0 0 0	√
				过次页						

图 5-27　银行存款总账

步骤六：

期末对账，总账与日记账及各种明细账进行核对，编制对账与结账后的试算平衡表。

步骤七：

根据有关总账和明细账资料，编制里奥公司 12 月的"资产负债表"和"利润表"，如表 5-4 和表 5-5 所示，完成科目汇总表账务处理程序。

表 5-4 资产负债表（简表）

编报单位：里奥公司　　　　　　　　　　2020 年 12 月 31 日　　　　　　　　　　　　　　单位：元

资　产	期末余额	期初余额	负债及所有者权益	期末余额	期初余额
流动资产：			流动负债：		
货币资金	276 800	180 900	短期借款	28 300	34 300
应收票据			应付票据		
应收账款	21 470	28 300	应付账款	3000	5000
预付账款			预收账款		
其他应收款			应交税费	18 820	3000
存货	106 000	95 000	其他应付款		
流动资产合计	404 270	304 200	流动负债合计	50 120	42 300
非流动资产：			所有者权益：		
固定资产			实收资本（股本）	304 000	244 000
无形资产			资本公积		
非流动资产合计			盈余公积		
			未分配利润	50 150	17 900
			所有者权益合计	354 150	261 900
资产总计	404 270	304 200	负债及所有者权益总计	404 270	304 200

表 5-5 利润表

编报单位：里奥公司　　　　　　　　　　2020 年 12 月　　　　　　　　　　　　　　　　单位：元

项　目	本期金额	本年累计金额
一、营业收入	79 000	
减：营业成本	29 000	
税金及附加		
销售费用	3800	
管理费用	3200	
财务费用		
资产减值损失		
加：公允价值变动收益		
投资收益		
二、营业利润	43 000	
加：营业外收入		
其中：非流动资产处置利得		
减：营业外支出		
其中：非流动资产处置损失		

续表

项　　目	本 期 金 额	本年累计金额
三、利润总额	43 000	
减：所得税费用	10 750	
四、净利润	32 250	
五、其他综合收益的税后净额		
六、综合收益总额		
七、每股收益		
（一）基本每股收益		
（二）稀释每股收益		

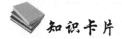

汇总记账凭证账务处理程序

汇总记账凭证账务处理程序是指先根据原始凭证或汇总原始凭证填制记账凭证，定期根据记账凭证分类编制汇总收款凭证、汇总付款凭证和汇总转账凭证，再根据汇总记账凭证登记总分类账的一种账务处理程序。

一、汇总记账凭证的编制方法

汇总记账凭证是指对一段时期内同类记账凭证进行定期汇总而编制的记账凭证。汇总记账凭证可以分为汇总收款凭证、汇总付款凭证和汇总转账凭证，三种凭证有不同的编制方法。

（一）汇总收款凭证的编制

汇总收款凭证根据"库存现金"和"银行存款"账户的借方进行编制。汇总收款凭证是在对各账户对应的贷方分类之后，进行汇总编制，如图 5-28 所示。总分类账根据各汇总收款凭证的合计数进行登记，分别记入"库存现金""银行存款"总分类账户的借方，并将汇总收款凭证上各账户贷方的合计数分别记入有关总分类账户的贷方。

汇总收款凭证

借方科目：　　　　　　　　　　　　年　月　　　　　　　　　　　　　　汇收 1 号

贷方科目	金　额				总账页数	
	1—10 日 收字　号	11—20 日 收字　号	21—30 日 收字　号	合计	借方	贷方
合计						

会计主管　　　　　　　　审核　　　　　　　　填制　　　　　　　　记账

图 5-28　汇总收款凭证

（二）汇总付款凭证的编制

汇总付款凭证根据"库存现金"和"银行存款"账户的贷方进行编制。汇总付款凭证是在对各账户对应的借方分类之后，进行汇总编制，如图5-29所示。总分类账根据各汇总付款凭证的合计数进行登记，分别记入"库存现金""银行存款"总分类账户的贷方，并将汇总付款凭证上各账户借方的合计数分别记入有关总分类账户的借方。

汇总付款凭证

贷方科目：　　　　　　　　　　　　年　月　　　　　　　　　　　　汇付1号

借方科目	金　额				总账页数	
	1—10日 付字　号	11—20日 付字　号	21—30日 付字　号	合计	借方	贷方
合计						

会计主管　　　　　　　审核　　　　　　　填制　　　　　　　记账

图 5-29　汇总付款凭证

（三）汇总转账凭证的编制

汇总转账凭证通常根据所设置账户的贷方进行编制。汇总转账凭证是在对所设置账户相对应的借方账户分类之后，进行汇总编制，如图5-30所示。总分类账根据各汇总转账凭证的合计数进行登记，分别记入对应账户的总分类账户的贷方，并将汇总转账凭证上各账户借方的合计数分别记入有关总分类账户的借方。值得注意的是，在编制的过程中，贷方账户必须唯一，借方账户可一个或多个，即转账凭证必须一借一贷或多借一贷。

汇总转账凭证

贷方科目：　　　　　　　　　　　　年　月　　　　　　　　　　　　汇转1号

借方科目	金　额				总账页数	
	1—10日 转字　号	11—20日 转字　号	21—30日 转字　号	合计	借方	贷方
合计						

会计主管　　　　　　　审核　　　　　　　填制　　　　　　　记账

图 5-30　汇总转账凭证

如果在一个月内某一贷方账户的转账凭证不多，可不编制汇总转账凭证，直接根据单个的转账凭证登记总分类账。

二、汇总记账凭证账务处理程序的一般步骤

汇总记账凭证账务处理程序的一般步骤如下（见图 5-31）。

（1）根据原始凭证填制汇总原始凭证。

（2）根据原始凭证或汇总原始凭证填制收款凭证、付款凭证和转账凭证，也可以填制通用记账凭证。

（3）根据收款凭证、付款凭证逐笔登记库存现金日记账和银行存款日记账。

（4）根据原始凭证、汇总原始凭证和记账凭证登记各种明细分类账。

（5）根据各种记账凭证编制有关汇总记账凭证。

（6）根据各种汇总记账凭证登记总分类账。

（7）期末，将库存现金日记账、银行存款日记账和明细分类账的余额与有关总分类账的余额核对相符。

（8）期末，根据总分类账和明细分类账的记录编制财务报表。

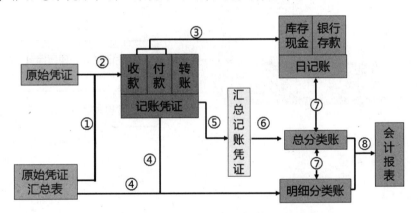

图 5-31　汇总记账凭证账务处理程序

三、汇总记账凭证账务处理程序的特点、优缺点和适用范围

（1）特点：根据汇总记账凭证登记总分类账。

（2）优点：减轻了登记总分类账的工作量。

（3）缺点：转账凭证较多时，编制汇总转账凭证的工作量较大，并且按每一贷方账户编制汇总转账凭证，不利于会计核算的日常分工。

（4）适用范围：规模较大、经济业务量较多，且转账业务量少而收、付款业务量较多的单位。

飞机票丢失后如何报销

张先生出差回来到公司财务处报销差旅费用，发现飞机票丢失，张先生提出自己写个证明，但是

财务人员不给办理，双方发生了激烈的争吵。由于出差这段时间飞机票打折，机票的原价是3000元，折扣一般为7～9折，所以财务人员要求必须有航空公司的证明才能报销。

思考：你认为这件事应该如何处理？

模块总结

模块五　选择应用账务处理程序
- 记账凭证账务处理程序
- 科目汇总表账务处理程序

模块六　组织开展财产清查

知识目标

1. 了解财产清查的作用、方法、种类；
2. 熟悉货币资金、实物资产和往来款项的清查程序和方法；
3. 熟悉未达账项的概念和种类；
4. 了解固定资产清查的相关内容。

能力目标

1. 能够熟练进行库存现金的清查，并进行账务处理；
2. 能够查找未达账项，且能熟练编制银行存款余额调节表；
3. 能够熟练进行存货盘盈盘亏的账务处理。

案例背景

北京昊天机械制造有限责任公司为增值税一般纳税人（以下简称"公司"），增值税税率为13%，2020年11月发生的业务如下。

【业务6-1】2020年11月30日，公司在现金清查中发现现金溢余1100元（账存1317.40元，实存2417.40元）。

经审查，盘盈的1100元是2020年11月27日支付北京宏达股份有限公司材料款时少支付了，这个差额双方都没有发觉。2020年11月29日，对方出纳发现短款并找公司核实，经公司审查确实少支付了1100元的材料款，约定下次付款时补付这个款项。

【业务6-2】2020年11月30日，公司在现金清查中发现现金短缺295元（账存1607.40元，实存1312.40元）。

经审查，盘亏的295元属于出纳人员现金管理不当造成的，经领导审批，全部损失由出纳谢娜承担。

【业务6-3】2020年11月30日，公司银行存款日记账的余额为5 400 000元，银行转来对账单的余额为8 300 000元。经逐笔核对，发现以下未达账项。

（1）公司送存转账支票6 000 000元，并已登记银行存款增加，但银行尚未记账。

（2）公司开出转账支票4 500 000元，并已登记银行存款减少，但持票单位尚未到银行办理转账，银行尚未记账。

（3）公司委托银行代收某公司购货款4 800 000元，银行已收妥并登记入账，但公司未收到收款通知，尚未记账。

（4）银行代公司支付电话费 400 000 元，银行已登记减少公司银行存款，但公司未收到银行付款通知，尚未记账。

【业务6-4】2020 年 11 月 30 日，公司在财产清查中盘盈丁材料 100kg，实际单位成本 7 元。

经审查，盘盈的丁材料无法查明原因，鉴于该笔金额不大，经上级领导同意后直接冲减"管理费用"。

【业务6-5】2020 年 11 月 30 日，公司在财产清查中发现毁损 C 零件 95 个，实际单位成本为 16 元。

经审查，盘亏的 95 个 C 零件是前几天发洪水，水势太大被冲走了。经上级领导审批同意后，做"营业外支出"处理。

【业务6-6】公司 2020 年 11 月 30 日进行财产清查时，发现短缺一台笔记本电脑，原价为 4500 元，已计提折旧 2375 元。

盘亏的笔记本电脑，无法查明原因，经上级领导审批同意后，做"营业外支出"处理。

单元一　库存现金的清查

布置任务

分析北京昊天机械制造有限责任公司2020年11月发生的【业务6-1】和【业务6-2】，根据现金清查业务的相关理论知识，识别这两项业务的原始凭证，并正确地填制记账凭证，从而完成账务处理。

理论学习

为保证现金的安全完整，企业应当按照规定对库存现金进行定期和不定期的清查。

财产清查的盘存制度

一、库存现金清查的种类

在实际工作中，库存现金的清查一般包括日常自查和专门清查两种。

（一）日常自查

单位应建立库存现金每日自查制度。每日营业终了，出纳人员应根据当日的收付凭证登记库存现金日记账，结出账面余额，并与库存现金的实有数额相互核对，以确定账实是否相符。

◉ 提示：

日常自查时，出纳人员应先自行核对账目，查找原因，并将长短款情况向会计机构负责人或会计主管人员报告。对于出纳人员自身原因造成的短款情况，一般应由出纳人员赔偿；对于其他原因造成的长短款情况，应报请企业董事会或厂长经理会议等类似机构批准后进行处理。

（二）专门清查

为了防止出纳人员的舞弊行为，除日常自查外，库存现金还应该同其他财产物资一样，定期或不定期地接受专门清查。专门清查是由专门的财产清查人员和出纳人员一起对库存现金所进行的清查。定期专门清查的时间应视企业的不同情况而定，对于以现金收支为主的单位，每月应安排两次以上的专门清查；对于一般单位，至少也应于月末结账前对库存现金进行专门清查。

二、库存现金清查的范围

库存现金清查的范围包括以下几个方面。
（1）核对库存现金实有数额与库存现金日记账账面余额是否相符。
（2）库存现金是否按《中华人民共和国现金管理暂行条例》的规定用途支出。
（3）库存现金余额是否超过银行所规定的库存现金限额。
（4）有无白条抵库的情况。
（5）有无违反单位其他现金管理制度的情况。

三、库存现金清查的方法

库存现金的清查是采用实地盘点法确定库存现金的实存数，然后与库存现金日记账的账面余额相核对，确定账实是否相符。库存现金清查一般由主管会计或财务负责人和出纳人员共同清点出各种纸币的张数和硬币的个数，并填制库存现金盘点报告表。

对库存现金进行盘点时，出纳人员必须在场，有关业务必须在库存现金日记账中全部登记完毕。盘点时，一方面要注意账实是否相符，另一方面还要检查现金管理制度的遵守情况，如库存现金有无超过其限额、白条抵库、挪用舞弊等情况。盘点结束后，应填制"库存现金盘点报告表"，作为重要的原始凭证，如图6-1所示，由清查人员和出纳人员以及相关负责人员签章确认。

库存现金盘点报告表

单位名称：　　　　　　　　　　　　年　月　日　　　　　　　　　　　　单位：元

实存金额	账存金额	对比结果		备注
		盘盈	盘亏	
现金使用情况	（1）库存现金限额： （2）白条抵库情况： （3）违反规定的薪金支出情况： （4）其他违规行为：			
处理决定：				总经理：

负责人签章：　　　　　　　　盘点人签章：　　　　　　　　出纳员签章：

图6-1　库存现金盘点报告表

"库存现金盘点报告表"具有"盘存单"和"实存账存对比表"的作用，是证明现金实有数额的重要原始凭证，并可通过它调整库存现金日记账的账面记录。"库存现金盘点报告表"一般一式两联：

一联为"报账联",作为调整库存现金日记账的依据;另一联为"批复联",作为处理库存现金盘盈、盘亏的依据。

四、库存现金清查的账户设置

(一)"待处理财产损溢"账户

(1)性质:属于资产类账户。
(2)用途:为了记录、反映财产的盘盈、盘亏和毁损情况。
(3)结构:如图6-2所示。

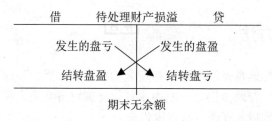

图6-2 "待处理财产损溢"账户结构

(4)明细:在该科目下设置"待处理流动资产损溢"和"待处理非流动资产损溢"两个明细科目进行明细分类核算。

(二)现金清查涉及的其他账户

根据现金清查的程序和清查结果,可能会涉及的账户有"库存现金""其他应收款""其他应付款""管理费用""营业外收入"。

五、库存现金清查的账务处理

库存现金清查的主要账务处理如表6-1所示。

表6-1 库存现金清查的主要账务处理

情 形	溢 余	短 缺
报经批准前	借:库存现金 　贷:待处理财产损溢	借:待处理财产损溢 　贷:库存现金
报经批准后	借:待处理财产损溢 　贷:其他应付款(应支付给有关人员或单位的部分) 　　营业外收入(无法查明原因的部分)	借:其他应收款(应由责任方赔偿的部分) 　　管理费用(无法查明原因的部分) 　贷:待处理财产损溢

案例分析及业务操作

【业务6-1】此业务涉及的凭证如图6-3所示。

库存现金盘点报告表

单位名称：北京昊天机械制造有限责任公司　　2020 年 11 月 30 日　　　　　　　　　　　　　　单位：元

实存金额	账存金额	对比结果		备注
		盘盈	盘亏	
2417.40	1317.40	1100.00		
现金使用情况	（1）库存现金限额： （2）白条抵库情况： （3）违反规定的薪金支出情况： （4）其他违规行为：			
处理决定：应支付给北京宏达股份有限公司			总经理：	

负责人签章：**陈飞**　　　　盘点人签章：**林月**　　　　出纳员签章：**吴喆**

图 6-3　库存现金盘点报告表（1）

会计人员编制会计分录：

审批前：

借：库存现金　　　　　　　　　　　　　　　　　　　　　1100
　　贷：待处理财产损溢——待处理流动资产损溢　　　　　　　　　1100

审批后：

借：待处理财产损溢——待处理流动资产损溢　　　　　　　1100
　　贷：其他应付款——应付现金溢余（北京宏达股份有限公司）　　1100

【业务 6-2】此业务涉及的凭证如图 6-4 所示。

库存现金盘点报告表

单位名称：北京昊天机械制造有限责任公司　　2020 年 11 月 30 日　　　　　　　　　　　　　　单位：元

实存金额	账存金额	对比结果		备注
		盘盈	盘亏	
1312.40	1607.40		295.00	
现金使用情况	（1）库存现金限额： （2）白条抵库情况： （3）违反规定的薪金支出情况： （4）其他违规行为：			
处理决定：应由谢娜赔偿			总经理：	

负责人签章：**陈飞**　　　　盘点人签章：**林月**　　　　出纳员签章：**吴喆**

图 6-4　库存现金盘点报告表（2）

会计人员编制会计分录：

审批前：

借：待处理财产损溢——待处理流动资产损溢　　　　　　　295
　　贷：库存现金　　　　　　　　　　　　　　　　　　　　　295

审批后：
借：其他应收款——谢娜　　　　　　　　　　　　　295
　　贷：待处理财产损溢——待处理流动资产损溢　　　295

单元二　银行存款的清查

布置任务

分析北京昊天机械制造有限责任公司 2020 年 11 月发生的【业务 6-3】，根据银行存款清查业务的相关理论知识，完成相应的处理。

理论学习

一、银行存款清查的方法

银行存款的清查是采用与开户银行核对账目的方法进行的，即将本单位银行存款日记账的账簿记录与开户银行转来的对账单逐笔进行核对，查明银行存款的实有数额。银行存款的清查一般在月末进行，将截至清查日所有银行存款的收付业务都登记入账后，对发生的错账、漏账应及时查清更正，再与银行的对账单逐笔核对。如果二者余额相符，通常说明没有错误；如果二者余额不相符，则可能是企业或银行一方或双方记账过程有错误，或者存在未达账项。

◉ 提示：

"银行对账单"是以银行为会计主体所记录的账簿，借方反映企业银行存款的减少，因为企业银行存款减少意味着银行债务的偿还；贷方反映企业银行存款的增加，因为企业银行存款增加，意味着银行对企业债务的增加。因此，对账时应以"银行存款对账单"的借方发生额与"银行存款日记账"的贷方发生额核对，以"银行存款对账单"的贷方发生额与"银行存款日记账"的借方发生额核对。

二、未达账项的含义和分类

（一）未达账项的含义

未达账项是指企业与银行之间由于收付款的结算凭证在传递、接收时间上的不一致，而导致的一方收到凭证并已入账，另一方因没有收到凭证而未能入账的款项。

（二）未达账项的分类

未达账项有以下四种情况。

（1）企业已收，银行未收。即企业已收款记账，银行未作收款入账的事项。例如，企业已将收到的购货单位开出的转账支票送存银行并且入账，但是，因银行尚未办妥转账收款手续而没有入账。

（2）企业已付，银行未付。即企业已经付款入账，银行未作付款入账的事项。例如，企业开出的转账支票已经入账，但是，因收款单位尚未到银行办理转账手续或银行尚未办妥转账付款手续而没有入账。

（3）银行已收，企业未收。即银行已经收款入账，企业未作收款入账的事项。例如，企业委托银行代收的款项，银行已经办妥收款手续并且入账，但是，因收款通知尚未到达企业而使企业没有入账。

（4）银行已付，企业未付。即银行已经付款入账，企业未作付款入账的事项。例如，企业应给银行的借款利息，银行已经办妥付款手续并且入账，但是，因付款通知尚未到达企业而企业没有入账。

上述任何一种未达账项的存在，都会使企业银行存款日记账的余额与银行开出的对账单的余额不符。所以，在与银行对账时，首先应查明是否存在未达账项，如果存在未达账项，就应当编制"银行存款余额调节表"，如表6-2所示，据以确定企业银行存款实有数。

表6-2 银行存款余额调节表

××年××月××日　　　　　　　　　　　　　　　　　　　　　　　　　　　单位：元

项　　目	金　　额	项　　目	金　　额
银行存款日记账余额		银行对账单余额	
加：银行已收、企业未收		加：企业已收、银行未收	
减：银行已付、企业未付		减：企业已付、银行未付	
调节后的存款余额		调节后的存款余额	

会计主管：　　　　　　　　　　　　　出纳：　　　　　　　　　　　　　制表人：

三、银行存款清查的步骤

银行存款的清查按以下步骤进行，如图6-5所示。

（1）根据经济业务、结算凭证的种类、号码和金额等资料，逐日逐笔核对银行存款日记账和银行对账单，凡双方都有记录的，用铅笔在金额旁打上记号"√"。

（2）找出未达账项（即银行存款日记账和银行对账单中没有打"√"的款项）。

（3）将日记账和对账单的月末余额及找出的未达账项填入"银行存款余额调节表"，并计算出调整后的余额。

（4）经主管会计签章后，将调整平衡的"银行存款余额调节表"送达开户银行。

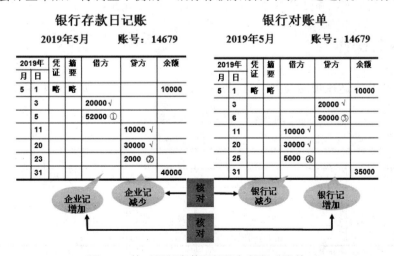

图6-5 核对银行存款日记账与银行对账单

提示：

当查找"企业已收，银行未收"和"银行已收，企业未收"这两种未达账项时，应该逐项核对"银行存款日记账"的借方记录和"银行对账单"的贷方记录，并将核对相符的各项记录用"√"进行标识。核对完毕后，找出"银行存款日记账"借方未标识"√"的记录，其为"企业已收，银行未收"的未达账项；找出"银行对账单"贷方未标识"√"的记录，其为"银行已收，企业未收"的未达账项。

四、银行存款余额调节表的编制方法

银行存款余额调节表（见表6-3）的编制，是以企业银行存款日记账余额和银行对账单余额为基础，各自分别加上对方已收款入账而己方尚未入账的数额，减去对方已付款入账而己方尚未入账的数额。其计算公式为

$$\begin{matrix}\text{企业银行存款}\\\text{日记账余额}\end{matrix} + \begin{matrix}\text{银行已收}\\\text{企业未收款}\end{matrix} - \begin{matrix}\text{银行已付}\\\text{企业未付款}\end{matrix} = \begin{matrix}\text{银行对账单}\\\text{存款余额}\end{matrix} + \begin{matrix}\text{企业已收}\\\text{银行未收款}\end{matrix} - \begin{matrix}\text{企业已付}\\\text{银行未付款}\end{matrix} \quad (6.1)$$

表6-3 银行存款余额调节表（1）

2019年05月31日　　　　　　　　　　　　　　　　　　　　　　　　单位：元

项　目	金　额	项　目	金　额
银行存款日记账余额	40 000	银行对账单余额	35 000
加：银行已收、企业未收	50 000	加：企业已收、银行未收	52 000
减：银行已付、企业未付	5000	减：企业已付、银行未付	2000
调节后的存款余额	85 000	调节后的存款余额	85 000

会计主管：　　　　　　　　　出纳：　　　　　　　　　制表人：

提示：

1. 银行存款余额调节表是企业对账的工具，而不是原始凭证，各单位不能根据银行存款余额调节表中所列示的"未达账项"来调整企业账簿记录。对于银行已入账而企业尚未入账的未达账项，必须在收到银行的收、付款通知时，方可进行账务处理。

2. 调节后的存款余额实质上是企业此时实际可动用的银行存款数额。

案例分析及业务操作

固基强技

【业务6-3】判断未达账项的类型，编制银行存款余额调节表，如表6-4所示。

表6-4 银行存款余额调节表（2）

2020年11月30日　　　　　　　　　　　　　　　　　　　　　　　　单位：元

项　目	金　额	项　目	金　额
银行存款日记账余额	5 400 000	银行对账单余额	8 300 000
加：银行已收、企业未收	4 800 000	加：企业已收、银行未收	6 000 000
减：银行已付、企业未付	400 000	减：企业已付、银行未付	4 500 000
调节后的存款余额	9 800 000	调节后的存款余额	9 800 000

会计主管：　　　　　　　　　出纳：　　　　　　　　　制表人：

单元三　实物资产的清查

布置任务

分析北京昊天机械制造有限责任公司 2020 年 11 月发生的【业务 6-4】～【业务 6-6】，根据实物资产清查业务的相关理论知识，识别这三项业务的原始凭证，并正确地填制记账凭证，从而完成账务处理。

理论学习

一、财产物资的盘存制度

财产物资盘存制度是指企业在日常会计核算中采用什么方法确定各项财产物资的盘存数，包括永续盘存制和实地盘存制。

（一）永续盘存制

永续盘存制又称作账面盘存制，是指对各项财产物资的增减变动情况，都必须根据原始凭证和记账凭证等会计凭证在有关账簿中连续登记，并随时结出账面余额的一种盘存制度。其计算公式为

$$期末账面结存数 = 期初账面结存数 + 本期增加数 - 本期减少数 \tag{6.2}$$

◉ 提示：

采用永续盘存制能够在数量和金额两个方面加强对库存财产物资的管理，但缺点是库存财产物资明细分类核算的工作量较大。在实际工作中，大多数企业采用永续盘存制。

（二）实地盘存制

实地盘存制又称作以存计耗制，是指对各项财产物资平时只在明细账簿中登记增加数，不登记减少数，期末通过对财产物资的实地盘点来确定结存数，然后倒挤出本期减少数的一种盘存制度。其计算公式为

$$本期减少数 = 期初结存数 + 本期增加数 - 期末实存数 \tag{6.3}$$

◉ 提示：

采用实地盘存制可以大大简化库存财产物资的明细核算工作，但不能随时反映库存财产物资的账面结存数量和金额，不利于对财产物资库存的管理和控制。该方法一般只适用于品种杂、单位价值低和交易频繁的商品，以及数量不稳定、损耗大且难以控制的鲜活商品。

二、实物资产的清查方法

实物资产清查的对象主要是指对各种存货和固定资产等财产物资的清查。由于实物的形状、体积、

重量和码放方式等不尽相同，因此采用的清查方法也有所不同。常用的实物清查方法主要有实地盘点法、技术推算法和抽样盘点法。

◉ 提示：

存货的清查一般每月进行一次，固定资产一般于年底与其他资产一起进行全面清查。此外，遇到清产核资、人员调离、离任审计、国家有关部门检查审计等情况时，也需要进行存货和固定资产的清查。

（一）实地盘点法

实地盘点法就是在财产物资存放现场，运用度、量、衡等工具，通过点数逐一确定被清查实物实有数的一种方法。这种方法适用范围较广，大多数财产物资都可采用这种方法，得出的数字准确、可靠，但工作量较大。

（二）技术推算法

技术推算法又叫作测量法，是按照一定标准推算出其实有数的一种方法。这种方法适用于堆垛量很大，不便一一清点，单位价值比较低的实物的清查。如露天堆放的燃料用煤、建筑沙石等就可以用技术推算法。此方法相对于实地盘点法而言，工作量小，但数字不够准确。

（三）抽样盘点法

抽样盘点法是对那些单位价值小、数量多、重量比较均匀，特别是已包装好的实物资产，通过抽样的方法检查单位实物资产的质量与数量，以确定该资产的总体质量与数量。

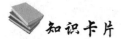
知识卡片

实物资产清查所涉及的原始凭证

对各项财产物资的盘点结果，应逐一填制盘存单。盘存单一般一式两联，财产清查时，盘存单应按清查结果如实填写；财产清查结束后，由实物保管人员和盘点人员签章，以明确经济责任，便于日后查阅。然后，一联由保管部门留存，作为调整其数量账的依据，另一联传至财会部门作为编制账存实存对比表及进行相关账务处理的依据。

盘存单的一般格式如图6-6所示。

盘存单

单位名称：　　　　　　　　　　盘点时间：
财产类别：　　　　　　　　　　存放地点：　　　　　　　　编号：

编　号	名　称	计量单位	数　量	单　价	金　额	备　注

盘点人签章节_____　　　　　　　　　　　　保管人签章_____

图6-6　盘存单

在实物清查过程中，实物保管人员和盘点人员必须同时在场。对于盘点结果，应如实登记盘存单，并由盘点人员和实物保管人员签字或盖章,以明确经济责任。盘存单既是记录盘点结果的书面证明,也是反映财产物资实存数的原始凭证。

为了查明实存数和账存数是否一致,确定盘盈或盘亏情况,应根据盘存单和有关账簿记录编制实存账存对比表。实存账存对比表是用以调整账簿记录的重要原始凭证,也是分析产生差异的原因、明确经济责任的依据。账存实存对比表一般一式两联,第一联为报账联,作为财会部门调整资产账簿记录的依据;第二联为批复联,设置了"处理决定"栏,由单位经理(厂长)会议等权力机构对资产盘盈或盘亏处理进行批复,作为财会部门处理盘盈或盘亏的依据。实存账存对比表的一般格式如图6-7所示。

实存账存对比表

年　月　　　　　　　　　　　　　　　单位名称：

编号	类别及名称	计量单位	单价	实存		账存		对比结果				备注
								盘盈		盘亏		
				数量	金额	数量	金额	数量	金额	数量	金额	

会计人员签章_____　　　　　　　　稽核人签章_____

图6-7　实存账存对比表样例

三、实物资产清查结果的账务处理

(一)存货清查结果的账务处理

为了反映和监督企业在财产清查中查明的各种存货的盘盈、盘亏和毁损情况,企业应当设置"待处理财产损溢"科目,借方登记存货的盘亏、毁损金额及盘盈的转销金额,贷方登记存货的盘盈金额及盘亏的转销金额。

1. 存货盘盈的账务处理

企业发生存货盘盈时,借记"原材料""库存商品"等科目,贷记"待处理财产损溢"科目;按管理权限报经批准后,借记"待处理财产损溢"科目,贷记"管理费用"科目。

2. 存货盘亏及毁损的账务处理

企业发生存货盘亏及毁损时,借记"待处理财产损溢"科目,贷记"原材料""库存商品"等科目。在按管理权限报经批准后应做如下账务处理:对于入库的残料价值,计入"原材料"等科目;对于应由保险公司和过失人的赔款,计入"其他应收款"科目;扣除残料价值和应由保险公司、过失人赔款后的净损失,属于一般经营损失的部分,计入"管理费用"科目,属于非常损失的部分,计入"营业外支出"科目。

◉ 提示:

企业清查的各种存货损溢,应在期末结账前处理完毕,期末处理后,"待处理财产损溢"科目应无余额。如果在期末结账前尚未经批准,在对外提供财务报表时,先按上述规定进行处理,并在附注中做出说明；其后批准处理的金额与已处理的金额不一致的，调整财务报表相关项目的期初数。

（二）固定资产清查结果的账务处理

1. 固定资产的盘盈

企业在财产清查中盘盈的固定资产，根据《企业会计准则第 28 号——会计政策、会计估计变更和差错更正》的规定，应当作为重要的前期差错进行会计处理。企业在财产清查中盘盈的固定资产，在按管理权限报经批准处理前，应先通过"以前年度损益调整"科目核算。

2. 固定资产的盘亏

企业在财产清查中盘亏的固定资产，按照盘亏固定资产的账面价值，借记"待处理财产损溢"科目，按照已计提的累计折旧，借记"累计折旧"科目，按照已计提的减值准备，借记"固定资产减值准备"科目，按照固定资产的原价，贷记"固定资产"科目。

企业按照管理权限报经批准后处理时，按照可收回的保险赔偿或过失人赔偿，借记"其他应收款"科目，按照应计入营业外支出的金额，借记"营业外支出——盘亏损失"科目，贷记"待处理财产损溢"科目。

案例分析及业务操作

【业务 6-4】 存货盘盈，如图 6-8 和图 6-9 所示。

盘存单

单位名称：北京昊天机械制造有限责任公司　　盘点时间：2020 年 11 月 30 日
财产类别：原材料　　存放地点：原材料仓库　　编号：000001

编号	名称	计量单位	数量	单价	金额	备注
100811	丁材料	kg	1100	7.00	7 700.00	

盘点人签章　**吴若**　　　　　保管人签章　**李丹**

图 6-8　盘存单（1）

实存账存对比表

2020 年 11 月　　　　　　　　　　　　单位名称：北京昊天机械制造有限责任公司

编号	类别及名称	计量单位	单价	实存		账存		对比结果				备注
								盘盈		盘亏		
				数量	金额	数量	金额	数量	金额	数量	金额	
100811	丁材料	kg	7.00	1100	7700.00	1000	7000.00	100	700.00			

会计人员签章　**陈飞**　　　　　稽核人签章　**林月**

图 6-9　实存账存对比表（1）

会计人员编制会计分录：

审批前：

借：原材料——丁材料　　　　　　　　　　　　　　　　　　　　　　　　700
　　贷：待处理财产损溢——待处理流动资产损溢　　　　　　　　　　　　　　700

审批后：

借：待处理财产损溢——待处理流动资产损溢　　　　　　　　　　　　　　　700
　　贷：管理费用——材料盘盈　　　　　　　　　　　　　　　　　　　　　　700

【业务6-5】 存货盘亏，如图6-10和图6-11所示。

盘存单

单位名称：北京昊天机械制造有限责任公司　　　盘点时间：2020年12月31日
财产类别：原材料　　　　　　　存放地点：原材料仓库　　　　　　编号：000002

编号	名称	计量单位	数量	单价	金额	备注
206789	C零件	个	575	16.00	9200.00	

盘点人签章　【昊喈】　　　　　　　　　　　　　　　　　保管人签章　【李丹】

图6-10　盘存单（2）

实存账存对比表

2020年12月　　　　　　　　　　　　　　　　　单位名称：北京昊天机械制造有限责任公司

编号	类别及名称	计量单位	单价	实存		账存		对比结果				备注
								盘盈		盘亏		
				数量	金额	数量	金额	数量	金额	数量	金额	
206789	C零件	个	16.00	575	9200.00	670	10 720.00			95	1520.00	管理不善

会计人员签章　【陈飞】　　　稽核人签章　【林月】

图6-11　实存账存对比表（2）

会计人员编制会计分录：

审批前：

借：待处理财产损溢——待处理流动资产损溢　　　　　　　　　　　　　　1520
　　贷：原材料——C零件　　　　　　　　　　　　　　　　　　　　　　　1520

审批后：

借：营业外支出——材料盘亏　　　　　　　　　　　　　　　　　　　　　1520
　　贷：待处理财产损溢——待处理流动资产损溢　　　　　　　　　　　　　1520

【业务 6-6】固定资产盘亏，如图 6-12 和图 6-13 所示。

盘存单

单位名称：北京昊天机械制造有限责任公司　　盘点时间：2020 年 12 月 31 日
财产类别：固定资产　　存放地点：办公室　　编号：000003

编号	名称	计量单位	数量	单价	金额	备注
11152	联想笔记本电脑	台	57	4500.00	256 500.00	

盘点人签章　昊君　　　　　　　　　保管人签章　李丹

图 6-12　盘存单（3）

实存账存对比表

2020 年 12 月　　　　　　　　　　　　　单位名称：北京昊天机械制造有限责任公司

| 编号 | 类别及名称 | 计量单位 | 单价 | 实存 | | 账存 | | 对比结果 | | | | 备注 |
| | | | | | | | | 盘盈 | | 盘亏 | | |
				数量	金额	数量	金额	数量	金额	数量	金额	
11152	联想笔记本电脑	台	4500.00	57	256 500.00	58	261 000.00			1	4 500.00	管理不善

会计人员签章　陈飞　　　　稽核人签章　林月

图 6-13　实存账存对比表（3）

会计人员编制会计分录：

审批前：

借：待处理财产损溢——待处理固定资产损溢　　2125
　　累计折旧　　2375
　　贷：固定资产——联想笔记本电脑　　4500

审批后：

借：营业外支出——盘亏损失　　2125
　　贷：待处理财产损溢——待处理固定资产损溢　　2125

固基强技

獐子岛事件

獐子岛集团股份有限公司（以下简称獐子岛公司）始创于 1958 年，公司位于中国辽宁省大连市，

2006年在深圳证券交易所挂牌上市（股票代码002069）。该公司是一家以海珍品育苗、增养殖、海洋食品为主业，集冷链物流、海洋休闲、渔业装备等相关多元产业为一体的综合型海洋企业。

2014年10月，獐子岛公司突发公告，声称2011年与2012年的底播海域虾夷扇贝，因冷水团异动导致近乎绝收，因此巨亏8.12亿元。在这次事件后，该公司连亏两年，差点退市，2016年勉强扭亏保壳。

2018年1月，獐子岛公司再次突发公告，声称2017年降水减少，导致饵料短缺，再加上海水温度异常，大量扇贝饿死。2017年公司巨亏了7.23亿元。

2018年2月，獐子岛公司收到中国证券监督管理委员会（以下简称中国证监会）的《调查通知书》。因公司涉嫌信息披露违法违规，根据《中华人民共和国证券法》的有关规定，中国证监会决定对公司立案调查。

2019年10月，面对深圳证券交易所的业绩关注函，公司自信地表示，扇贝的投放采捕正按计划进行，不存在减值风险。

2019年11月，獐子岛公司再次曝出扇贝存货异常、大面积自然死亡的消息。11月11日，獐子岛公司因扇贝"突然死了"再次收到深圳证券交易所的关注函，而这已是獐子岛公司在2019年第7次被深圳证券交易所点名。

由于扇贝养殖具有海底库存及采捕情况难发现、难调查、难核实的特点，所以中国证监会在调查獐子岛公司一案时，通过北斗导航定位信息，分析捕捞船状态，确定拖网轨迹，进而确定实际采捕面积，在此基础上按獐子岛公司的成本结转方法进行成本结转，并请东海所和中科宇图两家第三方机构出具分析报告，最终确定该公司年报中成本、利润存在虚假记载。

2020年6月15日，中国证监会依法对獐子岛公司及相关人员涉嫌违反证券法律法规案做出行政处罚和市场禁入决定。中国证监会认定，獐子岛公司2016年虚增利润1.3亿元，占当期披露利润总额的158%；2017年虚减利润2.8亿元，占当期披露利润总额的39%。獐子岛公司上述行为涉嫌构成违规披露、不披露重要信息罪。根据《行政执法机关移送涉嫌犯罪案件的规定》（国务院令第310号），中国证监会决定将獐子岛公司及相关人员涉嫌证券犯罪案件依法移送公安机关追究刑事责任。

思考：你如何看待獐子岛事件？

模块总结

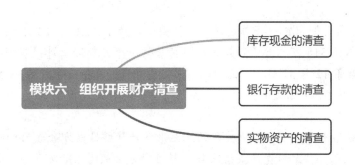

模块七　编制会计报表

知识目标

1. 理解财务会计报告的含义及内容；
2. 掌握资产负债表的基本结构、格式和编制方法；
3. 掌握利润表的基本结构、格式和编制方法。

能力目标

1. 能够正确编制资产负债表，简单分析资产负债表中的有关财务数据；
2. 能够正确计算企业营业利润、利润总额、净利润；
3. 能够正确编制利润表，并进行简单财务分析。

案例背景

案例背景一

甲公司 2020 年 12 月 31 日科目余额如下。

【业务 7-1】 2020 年 12 月 31 日，甲公司的"库存现金"科目借方余额为 0.1 万元，"银行存款"科目借方余额为 100.9 万元，"其他货币资金"科目借方余额为 99 万元。

【业务 7-2】 2020 年 12 月 31 日，甲公司的"应收票据"科目借方余额为 1300 万元；"坏账准备"科目中有关应收票据计提的坏账准备余额为 45 万元。

【业务 7-3】 2020 年 12 月 31 日，甲公司的有关科目余额如下："发出商品"科目借方余额为 800 万元，"生产成本"科目借方余额为 300 万元，"原材料"科目借方余额为 100 万元，"委托加工物资"科目借方余额为 200 万元，"材料成本差异"科目贷方余额为 25 万元，"存货跌价准备"科目贷方余额为 100 万元，"受托代销商品"科目借方余额为 400 万元，"受托代销商品款"科目贷方余额为 400 万元。

【业务 7-4】 甲公司计划出售一项固定资产，该固定资产于 2020 年 12 月 31 日被划分为持有待售固定资产，其账面价值为 315 万元，从划归为持有待售的下个月起停止计提折旧，不考虑其他因素。

【业务 7-5】 2020 年 12 月 31 日，甲公司的"固定资产"科目借方余额为 4000 万元，"累计折旧"科目贷方余额为 2000 万元，"固定资产减值准备"科目贷方余额为 500 万元，"固定资产清理"科目借方余额为 500 万元。

【业务 7-6】 2020 年 12 月 31 日，甲公司的"无形资产"科目借方余额为 800 万元，"累计摊销"科目贷方余额为 200 万元，"无形资产减值准备"科目贷方余额为 100 万元。

【业务 7-7】2020 年 12 月 31 日，甲公司的"短期借款"科目贷方余额如下所示：银行质押借款 10 万元，信用借款 40 万元。

【业务 7-8】2020 年 12 月 31 日，甲公司的"应付票据"科目贷方余额如下所示：25 万元的银行承兑汇票，10 万元的商业承兑汇票。

【业务 7-9】2020 年 12 月 31 日，甲公司的"应付职工薪酬"科目明细项目为：工资、奖金、津贴和补贴 70 万元，社会保险费（含医疗保险、工伤保险）5 万元，设定提存计划（含基本养老保险金）2.5 万元，住房公积金 2 万元，工会经费和职工教育经费 0.5 万元。

【业务 7-10】2020 年 12 月 31 日，甲公司的"长期借款"科目贷方余额为 155 万元，其中自乙银行借入的 5 万元借款将于一年内到期，甲公司不具有自主展期清偿的权利。

【业务 7-11】甲公司是由 A 公司于 2001 年 3 月 1 日注册成立的有限责任公司，注册资本为人民币 5000 万元，A 公司以货币资金人民币 5000 万元出资，占注册资本的 100%，持有甲公司 100% 的权益。上述实收资本已于 2001 年 3 月 1 日经相关会计师事务所出具的验资报告验证。该资本投入自 2001 年至 2020 年年末未发生变动。

案例背景二

乙公司 2020 年度相关科目累计发生额如下。

【业务 7-12】乙公司为热电企业，其经营范围包括电、热的生产和销售；发电、输变电工程的技术咨询；电力设备及相关产品的采购、开发、生产和销售；等等。乙公司 2020 年度"主营业务收入"科目的发生额明细如下所示：电力销售收入合计 8000 万元，热力销售收入合计 1400 万元。"其他业务收入"科目发生额合计 600 万元。

【业务 7-13】乙公司 2020 年度"主营业务成本"科目的发生额合计 7500 万元，"其他业务成本"科目的发生额合计 500 万元。

【业务 7-14】乙公司 2020 年度"税金及附加"科目的发生额如下：城市维护建设税合计 50 万元，教育费附加合计 30 万元，房产税合计 400 万元，城镇土地使用税合计 20 万元。

【业务 7-15】乙公司 2020 年度"管理费用"科目的发生额合计数为 600 万元。

【业务 7-16】乙公司 2020 年度"财务费用"科目的发生额如下所示：银行长期借款利息费用合计 400 万元，银行短期借款利息费用 90 万元，银行存款利息收入合计 8 万元，银行手续费支出合计 18 万元。

【业务 7-17】乙公司 2020 年度"投资收益"科目的发生额如下所示：按权益法核算的长期股权投资收益合计 290 万元，按成本法核算的长期股权投资收益合计 200 万元，处置长期股权投资发生的投资损失合计 500 万元。

【业务 7-18】乙公司 2020 年度"资产减值损失"科目的发生额如下所示：存货减值损失合计 85 万元，固定资产减值损失合计 189 万元，无形资产减值损失合计 26 万元。

【业务 7-19】乙公司 2020 年度"营业外收入"科目的发生额如下所示：接受无偿捐赠利得 68 万元，现金盘盈利得合计 2 万元。

【业务 7-20】乙公司 2020 年度"营业外支出"科目的发生额如下所示：固定资产盘亏损失 14 万元，罚没支出合计 10 万元，捐赠支出合计 4 万元，其他支出 2 万元。

【业务 7-21】乙公司 2020 年度"所得税费用"科目的发生额合计 36 万元。

单元一 财产会计报告概述

布置任务

小 A、小 B、小 C 都是大学在校生，一次，在老师组织的"关于财务会计报告和会计信息披露问题"的小组讨论中，小组三位同学各抒己见。小 A 同学说："对一个企业经营好坏的评价主要是看企业财务状况和资产质量如何，所以在财务报表中最重要的是资产负债表。"而小 B 说："现在企业干什么都要看绩效，对于国有企业负责人，评价标准就是企业的盈利状况，所以，在财务报表中利润表是最主要的。"

如果你是小 C 同学，请就上述问题发表自己的看法和观点。

理论学习

企业日常发生的经济业务，都已按照一定的会计程序，在凭证、账簿中进行了全面、连续、系统的登记。应该说，企业的财务状况和经营成果可以在这些凭证和账簿中得到反映。但是，由于凭证、账簿数量较多，而且比较分散，不能简明扼要地说明企业经营活动的全貌，也不便于信息使用者直接使用。所以，企业应当通过定期编制会计报表的方式，将凭证和账簿中的资料加以系统整理，综合反映企业经济活动的全貌，并通过书面报告形式对外提供，以满足各信息使用者的需要。

一、财务会计报告的概念及构成内容

财务会计报告包括会计报表及其附注和其他应当在财务会计报告中披露的相关信息和资料。

财务报表是对企业财务状况、经营成果和现金流量的结构性表述，是企业对外提供的反映企业某一特定日期财务状况和某一期间经营成果、现金流量等会计信息的文件。一套完整的财务报表至少应当包括资产负债表、利润表、现金流量表、所有者权益（或股东权益，下同）变动表以及附注。

资产负债表、利润表和现金流量表分别从不同角度反映企业的财务状况、经营成果和现金流量。资产负债表反映企业在某一特定日期所拥有的资产、需偿还的债务以及股东（投资者）拥有的净资产情况；利润表反映企业在一定会计期间的经营成果，即利润或亏损的情况，表明企业运用所拥有的资产的获利能力；现金流量表反映企业在一定会计期间现金和现金等价物流入和流出的情况；所有者权益变动表反映构成所有者权益的各组成部分当期的增减变动情况；附注是财务会计报告不可或缺的组成部分，是对在资产负债表、利润表、现金流量表和所有者权益变动表等报表中列示项目的文字描述或明细资料，以及对未能在这些报表中列示项目的说明等。

本模块重点讨论资产负债表和利润表的相关内容及其编制要求和方法。

二、财务会计报告的作用

企业编制财务报告的目标，是向财务会计报告使用者提供与企业财务状况、经营成果和现金流量

等有关的会计信息，反映企业管理层受托责任的履行情况，有助于财务会计报告使用者做出经济决策。财务会计报告使用者通常包括投资者、债权人、政府及其有关部门和社会公众等。具体来说，财务会计报告的作用有以下几个方面。

（一）为投资者提供与其投资决策有关的信息

所有权和经营权的分离与股票市场的迅猛发展，使投资者成为财务报告的主要需求者之一。投资者通过会计报表提供的信息，对企业现在和未来的财务状况、获利能力及现金流量等情况做出评价，分析企业的未来发展前景，以便做出是否转移投资的决策。同样，财务报告提供的信息也是潜在投资者决策的依据。作为企业的潜在投资者，在做出决策之前，会利用财务报告提供的会计信息，综合比较和评价，为正确的投资决策奠定基础。

（二）为债权人提供与其决策有关的信息

企业在经营过程中，由于扩大经营规模和其他方面的需要，通常会向金融机构或社会公众发行企业债券或进行其他融资活动，这样债权人成为与企业有利害关系的一方，成为企业财务信息的主要需求者之一。

债权人最关心的是企业是否信守还债责任，并且是否有足够的资产实力偿还债务。债权人可以通过企业所提供的财务报告，了解企业的财务状况、现金流量和获利情况，对企业的偿债能力进行有效评价，为债权人分析债权的安全性，为是否增加贷款或转让债权等决策提供可靠的会计信息。

（三）为政府管理部门进行宏观经济决策提供有用的信息

政府要履行管理社会的职能，要保证良好的经济秩序，防止市场机制失控，优化资源配置，需要企业提供大量的会计信息。企业财务报告提供的会计信息可作为制定宏观政策的依据。具体表现为国家的各个职能部门，如财政、税务和审计部门等，通过企业财务报告提供的信息，了解企业的经营状况、依法纳税情况和各项政策的执行情况等。

（四）为企业管理当局提供经营管理所需要的信息

企业管理当局通过企业财务报告提供的信息，了解各项计划的执行情况和预算的完成情况，总结企业管理中存在的问题和取得的成绩，评价企业经济效益，为企业制定相关的方针政策和加强管理提供依据。

（五）为其他有关会计信息使用者提供决策有关的信息

其他会计信息使用者，如社会公众、单位内部职工等，通过企业提供的财务会计报告，了解企业的发展前景和社会责任的履行情况等，为将来决策提供依据。

三、财务会计报告的分类

财务会计报告可以按照不同的标准进行分类。

（一）按财务会计报告编报期间进行划分

按财务会计报告编报期间进行划分，财务会计报告可以分为中期财务会计报告和年度财务会计报告。

中期财务会计报告是以短于一个完整会计年度的报告期间为基础编制的财务会计报告,包括月报、季报和半年报等。中期财务会计报告至少应当包括资产负债表、利润表、现金流量表和附注,其中,中期资产负债表、利润表和现金流量表应当是完整报表,其格式和内容应当与年度会计报表相一致。

年度财务会计报告是以一个完整会计年度的报告期间为基础编制的财务会计报告。与年度财务会计报告相比,中期财务会计报告中的附注披露可适当简略。

(二)按财务会计报告编报主体进行划分

按财务会计报告编报主体进行划分,财务会计报告可以分为个别财务会计报告和合并财务会计报告。

个别财务会计报告是由企业在自身会计核算的基础上,对账簿记录进行加工而编制的财务会计报告,它主要用以反映企业自身的财务状况、经营成果和现金流量情况。

合并财务会计报告是以母公司和子公司组成的企业集团为会计主体,根据母公司和所属子公司的财务会计报告,由母公司编制的综合反映企业集团财务状况、经营成果及现金流量的财务会计报告。

(三)按财务会计报告反映的内容进行划分

按财务会计报告反映的内容进行划分,财务会计报告可以分为动态报表和静态报表。

动态报表是反映企业一定时期内资金耗费和资金收回的报表,如利润表、现金流量表和所有者权益变动表。其中,利润表是反映企业一定时期内经营成果的报表,现金流量表是反映企业一定期间内现金和现金等价物流入和流出情况的报表,所有者权益变动表是反映构成所有者权益的各组成部分当期的增减变动情况的报表。

静态报表是指综合反映一定时点企业资产、负债和所有者权益情况的财务报表,如资产负债表是反映企业一定日期资产和负债以及所有者权益情况的报表。

另外,财务会计报告还可以按其他标准进行分类,如按财务会计报告的使用对象进行分类,可以分为对外财务会计报告和对内财务会计报告。对外财务会计报告是根据国家会计法规规定,企业定期向投资者、债权人、政府部门等企业以外的报表使用者披露的会计报表,如我国会计准则要求企业对外披露的财务会计报告应包括资产负债表、利润表、所有者权益变动表、现金流量表及附注等。对内财务会计报告是根据企业内部经营管理的需要,向企业内部各职能部门和管理当局提供的会计报表。这类报表的主要目的是为了企业内部经营管理提供决策资料,不对外提供,其种类和格式、内容等都没有统一规定,企业可以自行设计。本章主要介绍对外财务会计报告的编制方法。

为了实现财务会计报表的编制目的,最大程度地满足信息使用者的信息需求,保证财务会计报告的质量,充分发挥财务会计报告的作用,在编制财务会计报表时,应做到真实可靠、相关可比、全面完整、编制及时和便于理解。

单元二 资产负债表

布置任务

根据本模块的案例背景,尝试编制甲公司2020年12月的资产负债表。

理论学习

一、资产负债表的作用与分类

资产负债表

（一）资产负债表的作用

资产负债表是指反映企业在某一特定日期财务状况的报表。信息使用者阅读资产负债表的意义在于以下几个方面。

1．了解企业拥有的资源情况和资源构成情况

通过企业编制的资产负债表，可以了解企业某一日期所拥有或控制的资源及其分布情况，投资者可以判断企业资产分布是否合理。资产负债表把企业拥有或控制的资产按经济性质、用途等分类成流动资产、长期股权投资、固定资产、无形资产等项目，各项目之下又具体分成明细项目（例如，流动资产项目可根据其构成项目的不同性质，分为货币资金、交易性金融资产、应收票据、应收账款、预付款项、存货等）。这样，会计报表的使用者就可以一目了然地从资产负债表上了解到企业在某一特定时日所拥有的资产总量及其结构。

2．了解企业某一时期的资金来源情况

企业的资金来源无外乎两个方面：负债和所有者权益。资产负债表把负债和所有者权益分类列示，并根据不同性质将负债又分为流动负债和非流动负债，把所有者权益又分为实收资本（股本）、资本公积、盈余公积、未分配利润等，这样，企业的资金来源及其构成情况便可在资产负债表中得到充分反映。通过资产负债表，可以了解企业的负债总额，了解企业承担债务的总额和到期情况，还可以了解所有者权益的构成情况，判断企业资本保值和增值情况以及负债对所有者权益的保障程度。

3．了解和分析企业的偿债能力和财务变动趋势

企业的短期偿债能力主要反映在流动性上。所谓"流动性"，是指企业资产转变为现金或到期偿债所需的时间，除现金本身外，越能够快速转换为现金的资产，其流动性就越强。资产负债表中流动资产与流动负债的信息及报表中相关的附注，有助于信息使用者解释、评价和预测企业的流动性和短期偿债能力。企业的长期偿债能力，一方面取决于企业的获利能力，另一方面取决于企业的资本结构。资本结构是企业权益总额中负债与所有者权益、负债中流动负债与长期负债、所有者权益中投入资本与留存利润等的相对比例。负债比重越大，债权人所冒的风险越大，所有者所冒的风险越小，企业的长期偿债能力越弱。资产负债表可为解释、评价和预测企业的资本结构和长期偿债能力提供信息。

（二）资产负债表项目的分类

在编制资产负债表时，应当按编制的目的、报表项目的重要程度、企业所处的行业及其组织的形式，对所有资产、负债及所有者权益项目加以归类。资产负债表项目的分类方法主要是按流动性进行分类。在这种分类法下，流动性强的资产项目排列在先，流动性弱的资产项目排列在后；负债按到期日的远近排列，近者在先，远者在后；所有者权益按永久性程度排列，永久性强的排列在先，永久性差的排列在后。具体结构如表7-1所示。

根据以上分类原则，可以对资产、负债及所有者权益进行以下划分。

（1）资产按照流动性可分为流动资产和非流动资产。资产负债表中列示的流动资产项目通常包括货币资金、交易性金融资产、应收票据、应收账款、预付款项、其他应收款、存货和一年内到期的非

流动资产等。非流动资产是指流动资产以外的资产,资产负债表中列示的非流动资产项目通常包括债权投资、其他债权投资、长期应收款、长期股权投资、其他权益工具投资、投资性房地产、固定资产、在建工程、无形资产、开发支出、长期待摊费用、递延所得税资产以及其他非流动资产等。

表7-1 资产负债表项目

资　　产	负债及所有者权益
流动资产	流动负债
长期投资	长期负债
固定资产	所有者权益
无形资产	投入资本
其他资产	留存收益

（2）负债按照偿还期限可分为流动负债和非流动负债。资产负债表中列示的流动负债项目通常包括短期借款、交易性金融负债、应付票据、应付账款、预收款项、应付职工薪酬、应交税费、其他应付款、一年内到期的非流动负债等。非流动负债是指流动负债以外的负债,非流动负债项目通常包括长期借款、应付债券、长期应付款、预计负债和其他非流动负债等。

（3）所有者权益,是企业资产扣除负债后的剩余权益,反映企业在某一特定日期股东（投资者）拥有的净资产的总额,它一般按照实收资本、资本公积、盈余公积和未分配利润分项列示。

二、资产负债表的格式

（一）资产负债表的一般格式

资产负债表一般由表首、表体两部分组成。

1. 表首

表首部分应列明企业名称、编制时间、货币单位和报表编号。

2. 表体

表体部分是资产负债表的核心和主体,其反映的资产、负债和所有者权益的三要素,可以采用账户式,也可以采用报告式。所谓账户式资产负债表,即按照"T"型账户的形式设计资产负债表,资产列在报表的左方,负债和所有者权益列在报表的右方,左右两方的总额相等。账户式资产负债表的格式如表7-2所示。

表7-2 账户式资产负债表

单位：元

资　　产	负债及所有者权益
流动资产	流动负债
长期投资	长期负债
固定资产	所有者权益
无形资产	投入资本
其他资产	留存收益
资产合计	负债及所有者权益合计

账户式资产负债表所反映的资产与权益之间的恒等关系一目了然。

所谓报告式资产负债表，就是将资产、负债和所有者权益采用垂直分列的形式予以报告。其优点是便于编制比较资产负债表，即在报表右方有较多的空间增设栏目，如可以列示若干年份的数据，本期与前期的增减额、增减率，加设旁注说明某些项目的计价方法、对比情况等。报告式资产负债表的格式如表 7-3 所示。

表 7-3 报告式资产负债表

单位：元

项目名称	本 年 数	上 年 数
资产		
各明细项目		
资产合计		
负债		
各明细项目		
负债合计		
所有者权益		
各明细项目		
所有者权益合计		
负债及所有者权益合计		

（二）我国资产负债表的格式

我国企业的资产负债表采用账户式结构。账户式资产负债表分左右两方，左方为资产项目，大体按资产的流动性和重要性排列，流动性大的资产（如"货币资金""交易性金融资产"等）排在前面，流动性差的资产（如"长期股权投资""固定资产"等）排在后面。右方为负债及所有者权益项目，一般按要求清偿时间的先后顺序排列："短期借款""应付票据""应付账款"等需要在一年以内或者长于一年的一个正常营业周期内偿还的流动负债排在前面，"长期借款"等在一年以上才需偿还的非流动负债排在中间，在企业清算之前不需要偿还的所有者权益项目排在后面。

账户式资产负债表中的资产各项目的合计等于负债和所有者权益各项目的合计，即资产负债表左方和右方平衡。因此，通过账户式资产负债表可以反映资产、负债、所有者权益之间的内在关系，即"资产=负债+所有者权益"。我国企业资产负债表的格式如表 7-4 所示。

表 7-4 资产负债表

企业 01 表

编制单位：_____ ____年___月___日 单位：元

资　　产	期末余额	上年年末余额	负债和所有者权益 （或股东权益）	期末余额	上年年末余额
流动资产：			**流动负债：**		
货币资金			短期借款		
交易性金融资产			交易性金融负债		
衍生金融资产			衍生金融负债		
应收票据			应付票据		
应收账款			应付账款		

续表

资　产	期　末　余　额	上年年末余额	负债和所有者权益（或股东权益）	期　末　余　额	上年年末余额
应收款项融资			预收款项		
预付款项			合同负债		
其他应收款			应付职工薪酬		
存货			应交税费		
合同资产			其他应付款		
持有待售资产			持有待售负债		
一年内到期的非流动资产			一年内到期的非流动负债		
其他流动资产			其他流动负债		
流动资产合计			**流动负债合计**		
非流动资产：			**非流动负债：**		
债权投资			长期借款		
其他债权投资			应付债券		
长期应收款			其中：优先股		
长期股权投资			永续债		
其他权益工具投资			租赁负债		
其他非流动金融资产			长期应付款		
投资性房地产			预计负债		
固定资产			递延收益		
在建工程			递延所得税负债		
生产性生物资产			其他非流动负债		
油气资产			**非流动负债合计**		
使用权资产			**负债合计**		
无形资产			**所有者权益（或股东权益）**		
开发支出			实收资本（或股本）		
商誉			其他权益工具		
长期待摊费用			其中：优先股		
递延所得税资产			永续债		
其他非流动资产			资本公积		
非流动资产合计			减：库存股		
			其他综合收益		
			专项储备		
			盈余公积		
			未分配利润		
			所有者权益（或股东权益）合计		
资产总计			**负债和所有者权益（或股东权益）总计**		

三、资产负债表的编制

（一）资产负债表项目的填列方法

资产负债表各项目均需填列"期末余额"和"上年年末余额"两栏。资产负债表的"上年年末余额"栏内各项数字，应根据上年年末资产负债表的"期末余额"栏内所列数字填列。如果上年度资产负债表规定的各个项目的名称和内容与本年度不相一致，应按照本年度的规定对上年年末资产负债表各项目的名称和数字进行调整，填入本表"上年年末余额"栏内。

资产负债表的"期末余额"栏主要有以下几种填列方法。

（1）根据总账科目余额填列。如"短期借款""资本公积"等项目，根据"短期借款""资本公积"各总账科目的余额直接填列；有些项目则需根据几个总账科目的期末余额计算填列，如"货币资金"项目，需根据"库存现金""银行存款""其他货币资金"三个总账科目的期末余额的合计数填列。

（2）根据明细账科目余额计算填列。如"应付账款"项目，需要根据"应付账款"和"预付账款"两个科目所属的相关明细科目的期末贷方余额计算填列；"预付款项"项目，需要根据"应付账款"科目和"预付账款"科目所属的相关明细科目的期末借方余额减去与"预付账款"有关的坏账准备贷方余额计算填列；"预收款项"项目，需要根据"应收账款"科目和"预收账款"科目所属相关明细科目的期末贷方金额合计填列；"开发支出"项目，需要根据"研发支出"科目中所属的"资本化支出"明细科目期末余额计算填列；"应付职工薪酬"项目，需要根据"应付职工薪酬"科目的明细科目期末余额计算填列；"一年内到期的非流动资产""一年内到期的非流动负债"项目，需要根据相关非流动资产和非流动负债项目的明细科目余额计算填列；"未分配利润"项目，需要根据"利润分配"科目中所属的"未分配利润"明细科目期末余额填列。

（3）根据总账科目和明细账科目余额分析计算填列。如"长期借款"项目，需要根据"长期借款"总账科目余额扣除"长期借款"科目所属的明细科目中将在一年内到期且企业不能自主地将清偿义务展期的长期借款后的金额计算填列；"其他非流动资产"项目，应根据有关科目的期末余额减去将于一年内（含一年）收回数后的金额计算填列；"其他非流动负债"项目，应根据有关科目的期末余额减去将于一年内（含一年）到期偿还数后的金额计算填列。

（4）根据有关科目余额减去其备抵科目余额后的净额填列。如资产负债表中"应收票据""应收账款""长期股权投资""在建工程"等项目，应当根据"应收票据""应收账款""长期股权投资""在建工程"等科目的期末余额减去"坏账准备""长期股权投资减值准备""在建工程减值准备"等备抵科目余额后的净额填列；"投资性房地产"（采用成本模式计量）、"固定资产"项目，应当根据"投资性房地产""固定资产"科目的期末余额减去"投资性房地产累计折旧""投资性房地产减值准备""累计折旧""固定资产减值准备"等备抵科目的期末余额，以及"固定资产清理"科目期末余额后的净额填列；"无形资产"项目，应当根据"无形资产"科目的期末余额减去"累计摊销""无形资产减值准备"等备抵科目余额后的净额填列。

（5）综合运用上述填列方法分析填列。如资产负债表中的"存货"项目，需要根据"原材料""库存商品""委托加工物资""周转材料""材料采购""在途物资""发出商品""材料成本差异"等总账科目期末余额的分析汇总数，再减去"存货跌价准备"科目余额后的净额填列。

(二)资产负债表项目的填列说明

1. 资产项目的填列说明

(1)"货币资金"项目,反映企业库存现金、银行结算户存款、外埠存款、银行汇票存款、银行本票存款、信用卡存款、信用证保证金存款等的合计数。本项目应根据"库存现金""银行存款""其他货币资金"科目期末余额的合计数填列。

(2)"交易性金融资产"项目,反映资产负债表日企业分类为以公允价值计量且其变动计入当期损益的金融资产,以及企业持有的指定为以公允价值计量且其变动计入当期损益的金融资产的期末账面价值。该项目应根据"交易性金融资产"科目的相关明细科目期末余额分析填列。自资产负债表日起超过一年到期且预期持有超过一年的以公允价值计量且其变动计入当期损益的非流动金融资产的期末账面价值,在"其他非流动金融资产"项目反映。

(3)"应收票据"项目,反映资产负债表日以摊余成本计量的、企业因销售商品提供服务等收到的商业汇票,包括银行承兑汇票和商业承兑汇票。该项目应根据"应收票据"科目的期末余额减去"坏账准备"科目中相关坏账准备期末余额后的金额分析填列。

(4)"应收账款"项目,反映资产负债表日以摊余成本计量的、企业因销售商品和提供服务等经营活动应收取的款项。该项目应根据"应收账款"科目的期末余额减去"坏账准备"科目中相关坏账准备期末余额后的金额分析填列。

(5)"应收款项融资"项目,反映资产负债表日以公允价值计量且其变动计入其他综合收益的应收票据和应收账款等。

(6)"预付款项"项目,反映企业按照购货合同规定预付给供应单位的款项等。本项目应根据"预付账款"和"应付账款"科目所属各明细科目的期末借方余额合计数,减去"坏账准备"科目中有关预付账款计提的坏账准备期末余额后的净额填列。如"预付账款"科目所属明细科目期末为贷方余额的,应在资产负债表"应付账款"项目内填列。

(7)"其他应收款"项目,反映企业除应收票据、应收账款、预付账款等经营活动以外的其他各种应收、暂付的款项。本项目应根据"应收利息""应收股利""其他应收款"科目的期末余额合计数,减去"坏账准备"科目中相关坏账准备期末余额后的金额填列。其中的"应收利息"仅反映相关金融工具已到期可收取但于资产负债表日尚未收到的利息。基于实际利率法计提的金融工具的利息应包含在相应金融工具的账面余额中。

(8)"存货"项目,反映企业期末在库、在途和在加工中的各种存货的可变现净值或成本(成本与可变现净值孰低)。存货包括各种材料、商品、在产品、半成品、包装物、低值易耗品、发出商品等。本项目应根据"材料采购""原材料""库存商品""周转材料""委托加工物资""发出商品""生产成本""受托代销商品"等科目的期末余额合计数,减去"受托代销商品款""存货跌价准备"科目期末余额后的净额填列。材料采用计划成本核算,以及库存商品采用计划成本核算或售价核算的企业,还应按加或减材料成本差异、商品进销差价后的金额填列。

(9)"合同资产"项目,反映企业按照《企业会计准则第14号——收入》的相关规定,根据本企业履行履约义务与客户付款之间的关系在资产负债表中列示的合同资产。"合同资产"项目应根据"合同资产"科目的相关明细科目期末余额分析填列,同一合同下的合同资产和合同负债应当以净额列示,其中净额为借方余额的,应当根据其流动性在"合同资产"或"其他非流动资产"项目中填列,已计提减值准备的,还应以减去"合同资产减值准备"科目中相关的期末余额后的金额填列;其中净额为贷方余额的，应当根据其流动性在"合同负债"或"其他非流动负债"项目中填列。

（10）"持有待售资产"项目，反映资产负债表日划分为持有待售类别的非流动资产及划分为持有待售类别的处置组中的流动资产和非流动资产的期末账面价值。该项目应根据"持有待售资产"科目的期末余额减去"持有待售资产减值准备"科目的期末余额后的金额填列。

（11）"一年内到期的非流动资产"项目，反映企业预计自资产负债表日起一年内变现的非流动资产。本项目应根据有关科目的期末余额分析填列。

（12）"债权投资"项目，反映资产负债表日企业以摊余成本计量的长期债权投资的期末账面价值。该项目应根据"债权投资"科目的相关明细科目期末余额减去"债权投资减值准备"科目中相关减值准备的期末余额后的金额分析填列。自资产负债表日起一年内到期的长期债权投资的期末账面价值，在"一年内到期的非流动资产"项目反映。企业购入的以摊余成本计量的一年内到期的债权投资的期末账面价值，在"其他流动资产"项目反映。

（13）"其他债权投资"项目，反映资产负债表日企业分类为以公允价值计量且其变动计入其他综合收益的长期债权投资的期末账面价值。该项目应根据"其他债权投资"科目的相关明细科目期末余额分析填列。自资产负债表日起一年内到期的长期债权投资的期末账面价值，在"一年内到期的非流动资产"项目反映。企业购入的以公允价值计量且其变动计入其他综合收益的一年内到期的债权投资的期末账面价值，在"其他流动资产"项目反映。

（14）"长期应收款"项目，反映企业租赁产生的应收款项和采用递延方式分期收款、实质上具有融资性质的销售商品和提供劳务等经营活动产生的应收款项。本项目应根据"长期应收款"科目的期末余额减去相应的"未实现融资收益"科目和"坏账准备"科目所属相关明细科目期末余额后的金额填列。

（15）"长期股权投资"项目，反映投资方对被投资单位实施控制、重大影响的权益性投资，以及对其合营企业的权益性投资。本项目应根据"长期股权投资"科目的期末余额减去"长期股权投资减值准备"科目的期末余额后的净额填列。

（16）"其他权益工具投资"项目，反映资产负债表日企业指定为以公允价值计量且其变动计入其他综合收益的非交易性权益工具投资的期末账面价值。该项目应根据"其他权益工具投资"科目的期末余额填列。

（17）"固定资产"项目，反映资产负债表日企业固定资产的期末账面价值和企业尚未清理完毕的固定资产清理净损益。该项目应根据"固定资产"科目的期末余额减去"累计折旧"和"固定资产减值准备"科目的期末余额后的金额，以及"固定资产清理"科目的期末余额填列。

（18）"在建工程"项目，反映资产负债表日企业尚未达到预定可使用状态的在建工程的期末账面价值和企业为在建工程准备的各种物资的期末账面价值。该项目应根据"在建工程"科目的期末余额减去"在建工程减值准备"科目的期末余额后的金额，以及"工程物资"科目的期末余额减去"工程物资减值准备"科目的期末余额后的金额填列。

（19）"使用权资产"项目，反映资产负债表日承租人企业持有的使用权资产的期末账面价值。该项目应根据"使用权资产"科目的期末余额减去"使用权资产累计折旧"和"使用权资产减值准备"科目的期末余额后的金额填列。

（20）"无形资产"项目，反映企业持有的专利权、非专利技术、商标权、著作权、土地使用权等无形资产的成本减去累计摊销和减值准备后的净值。本项目应根据"无形资产"科目的期末余额减去

"累计摊销"和"无形资产减值准备"科目期末余额后的净额填列。

（21）"开发支出"项目，反映企业开发无形资产过程中能够资本化形成无形资产成本的支出部分。本项目应当根据"研发支出"科目中所属的"资本化支出"明细科目期末余额填列。

（22）"长期待摊费用"项目，反映企业已经发生但应由本期和以后各期负担的分摊期限在一年以上的各项费用。长期待摊费用中在一年内（含一年）摊销的部分，在资产负债表"一年内到期的非流动资产"项目填列。本项目应根据"长期待摊费用"科目的期末余额减去将于一年内（含一年）摊销的数额后的金额分析填列。

（23）"递延所得税资产"项目，反映企业根据所得税准则确认的可抵扣暂时性差异产生的所得税资产。本项目应根据"递延所得税资产"科目的期末余额填列。

（24）"其他非流动资产"项目，反映企业除上述非流动资产以外的其他非流动资产。本项目应根据有关科目的期末余额填列。

2. 负债项目的填列说明

（1）"短期借款"项目，反映企业向银行或其他金融机构等借入的期限在一年以下（含一年）的各种借款。本项目应根据"短期借款"科目的期末余额填列。

（2）"交易性金融负债"项目，反映企业资产负债表日承担的交易性金融负债，以及企业持有的直接指定为以公允价值计量且其变动计入当期损益的金融负债的期末账面价值。该项目应根据"交易性金融负债"科目的相关明细科目期末余额填列。

（3）"应付票据"项目，反映资产负债表日以摊余成本计量的，企业因购买材料、商品和接受服务等开出、承兑的商业汇票，包括银行承兑汇票和商业承兑汇票。该项目应根据"应付票据"科目的期末余额填列。

（4）"应付账款"项目，反映资产负债表日以摊余成本计量的，企业因购买材料、商品和接受服务等经营活动应支付的款项。该项目应根据"应付账款"和"预付账款"科目所属的相关明细科目的期末贷方余额合计数填列。

（5）"预收款项"项目，反映企业按照购货合同规定预收供应单位的款项。本项目应根据"预收账款"和"应收账款"科目所属各明细科目的期末贷方余额合计数填列。如"预收账款"科目所属明细科目期末为借方余额的，应在资产负债表"应收账款"项目内填列。

（6）"合同负债"项目，反映企业按照《企业会计准则第14号——收入》的相关规定，根据本企业履行履约义务与客户付款之间的关系，在资产负债表中列示的合同负债。"合同负债"项目应根据"合同负债"的相关明细科目期末余额分析填列。

（7）"应付职工薪酬"项目，反映企业为获得职工提供的服务或解除劳动关系而给予的各种形式的报酬或补偿。企业提供给职工配偶、子女、受赡养人、已故员工遗属及其他受益人等的福利，也属于职工薪酬。职工薪酬主要包括短期薪酬、离职后福利、辞退福利和其他长期职工福利。本项目应根据"应付职工薪酬"科目所属各明细科目的期末贷方余额分析填列。外商投资企业按规定从净利润中提取的职工奖励及福利基金，也在本项目列示。

（8）"应交税费"项目，反映企业按照税法规定计算应缴纳的各种税费，包括增值税、消费税、城市维护建设税、教育费附加、企业所得税、资源税、土地增值税、房产税、城镇土地使用税、车船税、矿产资源补偿费等。企业代扣代交的个人所得税，也通过本项目列示。企业所缴纳的税金不需要预计应交数的，如印花税、耕地占用税等，不在本项目列示。本项目应根据"应交税费"科目的期末贷方余额填列，如"应交税费"科目期末为借方余额，应以"-"号填列。需要说明的是，"应交税费"科目下的"应交增值税""未交增值税""待抵扣进项税额""待认证进项税额""增值税留抵税额"等明细科目期末借方余额，应根据情况，在资产负债表中的"其他流动资产"或"其他非流动资产"项目列示；"应交税费——待转销项税额"等科目期末贷方余额，应根据情况，在资产负债表中的"其他流动负债"或"其他非流动负债"项目列示；"应交税费"科目下的"未交增值税""简易计税""转让金融商品应交增值税""代扣代交增值税"等科目期末贷方余额，应在资产负债表中的"应交税费"项目列示。

（9）"其他应付款"项目，反映企业除应付票据、应付账款、预收账款、应付职工薪酬、应交税费等经营活动以外的其他各项应付、暂收的款项。本项目应根据"应付利息""应付股利""其他应付款"科目的期末余额合计数填列。其中，"应付利息"科目仅反映相关金融工具已到期应支付但于资产负债表日尚未支付的利息。基于实际利率法计提的金融工具的利息，应包含在相应金融工具的账面余额中。

（10）"持有待售负债"项目，反映资产负债表日处置组中与划分为持有待售类别的资产直接相关的负债的期末账面价值。本项目应根据"持有待售负债"科目的期末余额填列。

（11）"一年内到期的非流动负债"项目，反映企业非流动负债中将于资产负债表日后一年内到期部分的金额，如将于一年内偿还的长期借款。本项目应根据有关科目的期末余额分析填列。

（12）"长期借款"项目，反映企业向银行或其他金融机构借入的期限在一年以上（不含一年）的各项借款。本项目应根据"长期借款"科目的期末余额，扣除"长期借款"科目所属的明细科目中，将在资产负债表日起一年内到期且企业不能自主地将清偿义务展期的长期借款后的金额计算填列。

（13）"应付债券"项目，反映企业为筹集长期资金而发行的债券本金及应付的利息。本项目应根据"应付债券"科目的期末余额分析填列。对于资产负债表日企业发行的金融工具，分类为金融负债的，应在本项目填列，对于优先股和永续债，还应在本项目下的"优先股"项目和"永续债"项目分别填列。

（14）"租赁负债"项目，反映资产负债表日承租人企业尚未支付的租赁付款额的期末账面价值。该项目应根据"租赁负债"科目的期末余额填列。自资产负债表日起一年内到期应予以清偿的租赁负债的期末账面价值，在"一年内到期的非流动负债"项目反映。

（15）"长期应付款"项目，应根据"长期应付款"科目的期末余额减去相关的"未确认融资费用"科目的期末余额后的金额，以及"专项应付款"科目的期末余额填列。

（16）"预计负债"项目，反映企业根据或有事项等相关准则确认的各项预计负债，包括对外提供担保、未决诉讼、产品质量保证、重组义务以及固定资产和矿区权益弃置义务等产生的预计负债。本项目应根据"预计负债"科目的期末余额填列。企业按照《企业会计准则第22号——金融工具确认和计量》的相关规定，对贷款承诺等项目计提的损失准备，应当在本项目中填列。

（17）"递延收益"项目，反映尚待确认的收入或收益。本项目核算包括企业根据政府补助准则确认的应在以后期间计入当期损益的政府补助金额、售后租回形成融资租赁的售价与资产账面价值差额等其他递延性收入。本项目应根据"递延收益"科目的期末余额填列。本项目中摊销期限只剩一年或不足一年的，或预计在一年内（含一年）进行摊销的部分，不得归类为流动负债，仍在本项目中填列，不转入"一年内到期的非流动负债"项目。

(18)"递延所得税负债"项目,反映企业根据所得税准则确认的应纳税暂时性差异产生的所得税负债。本项目应根据"递延所得税负债"科目的期末余额填列。

(19)"其他非流动负债"项目,反映企业除以上非流动负债以外的其他非流动负债。本项目应根据有关科目期末余额减去将于一年内(含一年)到期偿还数后的余额分析填列。非流动负债各项目中将于一年内(含一年)到期的非流动负债,应在"一年内到期的非流动负债"项目内反映。

3. 所有者权益项目的填列说明

(1)"实收资本(或股本)"项目,反映企业各投资者实际投入的资本(或股本)总额。本项目应根据"实收资本(或股本)"科目的期末余额填列。

(2)"其他权益工具"项目,反映资产负债表日企业发行在外的除普通股以外分类为权益工具的金融工具的期末账面价值,并下设"优先股"和"永续债"两个项目,分别反映企业发行的分类为权益工具的优先股和永续债的账面价值。

(3)"资本公积"项目,反映企业收到投资者出资超出其在注册资本或股本中所占的份额,以及直接计入所有者权益的利得和损失等。本项目应根据"资本公积"科目的期末余额填列。

(4)"其他综合收益"项目,反映企业其他综合收益的期末余额。本项目应根据"其他综合收益"科目的期末余额填列。

(5)"专项储备"项目,反映高危行业企业按国家规定提取的安全生产费的期末账面价值。本项目应根据"专项储备"科目的期末余额填列。

(6)"盈余公积"项目,反映企业盈余公积的期末余额。本项目应根据"盈余公积"科目的期末余额填列。

(7)"未分配利润"项目,反映企业尚未分配的利润。本项目应根据"本年利润"科目和"利润分配"科目的余额计算填列。未弥补的亏损在本项目内以"-"号填列。

案例分析及业务操作

【业务7-1】2020年12月31日,甲公司资产负债表中"货币资金"项目"期末余额"栏的列报金额=0.1+100.9+99=200(万元)。

【业务7-2】2020年12月31日,甲公司资产负债表中"应收票据"项目"期末余额"栏的列报金额=1300-45=1255(万元)。

【业务7-3】2020年12月31日,甲公司资产负债表中"存货"项目"期末余额"栏的列报金额=800+300+100+200-25-100+400-400=1275(万元)。

【业务7-4】2020年12月31日,甲公司资产负债表中"持有待售资产"项目"期末余额"栏的列报金额为315万元。

【业务7-5】2020年12月31日,甲公司资产负债表中"固定资产"项目"期末余额"栏的列报金额=4000-2000-500+500=2000(万元)。

【业务7-6】2020年12月31日,甲公司资产负债表中"无形资产"项目"期末余额"栏的列报金额=800-200-100=500(万元)。

【业务7-7】2020年12月31日,甲公司资产负债表中"短期借款"项目"期末余额"栏的列报金额=10+40=50(万元)。

【业务7-8】2020年12月31日,甲公司资产负债表中"应付票据"项目"期末余额"栏的列报金额=25+10=35（万元）。

【业务7-9】2020年12月31日，甲公司资产负债表中"应付职工薪酬"项目"期末余额"栏的列报金额=70+5+2.5+2+0.5=80（万元）。

【业务7-10】甲公司2020年12月31日资产负债表中"长期借款"项目"期末余额"栏的列报金额=155-5=150（万元），"一年内到期的非流动负债"项目"期末余额"栏的列报金额为5万元。

【业务7-11】2020年12月31日，甲公司资产负债表中"实收资本（或股本）"项目"期末余额"栏的列报金额为5000万元。

甲公司编制的2020年12月31日的资产负债表如表7-5所示。

表7-5 资产负债表

会企01表

编制单位：甲公司　　　　　　　　　　　　2020年12月31日　　　　　　　　　　　　单位：元

资　　产	期末余额	上年年末余额	负债和所有者权益（或股东权益）	期末余额	上年年末余额
流动资产：			**流动负债：**		
货币资金	2 000 000		短期借款	500 000	
交易性金融资产			交易性金融负债		
衍生金融资产			衍生金融负债		
应收票据	12 550 000		应付票据	350 000	
应收账款			应付账款		
应收款项融资			预收款项		
预付款项			合同负债		
其他应收款			应付职工薪酬	800 000	
存货	12 750 000		应交税费		
合同资产			其他应付款		
持有待售资产	3 150 000		持有待售负债		
一年内到期的非流动资产			一年内到期的非流动负债	50 000	
其他流动资产			其他流动负债		
流动资产合计	30 450 000		**流动负债合计**	1 700 000	
非流动资产：			**非流动负债：**		
债权投资			长期借款	1 500 000	
其他债权投资			应付债券		
长期应收款			其中：优先股		
长期股权投资			永续债		
其他权益工具投资			租赁负债		
其他非流动金融资产			长期应付款		
投资性房地产			预计负债		
固定资产	20 000 000		递延收益		
在建工程			递延所得税负债		
生产性生物资产			其他非流动负债		

续表

资产	期末余额	上年年末余额	负债和所有者权益（或股东权益）	期末余额	上年年末余额
油气资产			非流动负债合计	1 500 000	
使用权资产			负债合计	3 200 000	
无形资产	5 000 000		所有者权益（或股东权益）		
开发支出			实收资本（或股本）	50 000 000	
商誉			其他权益工具		
长期待摊费用			其中：优先股		
递延所得税资产			永续债		
其他非流动资产			资本公积		
非流动资产合计	25 000 000		减：库存股		
			其他综合收益		
			专项储备		
			盈余公积		
			未分配利润	2 250 000	
			所有者权益（或股东权益）合计	52 250 000	
资产总计	55 450 000		负债和所有者权益（或股东权益）总计	55 450 000	

单元三 利润表

固基强技

布置任务

根据本模块的案例背景，尝试编制乙公司2020年12月的利润表。

理论学习

利润表

一、利润表的概念和作用

利润表是反映企业在一定会计期间的经营成果的报表。利润表可以反映企业在一定会计期间的收入、费用和利润（或亏损）的数额和构成情况，帮助财务报表使用者全面了解企业的经营成果，分析企业的获利能力及盈利增长趋势，从而为其做出经营决策提供依据。具体来说，利润表主要有以下几个方面的作用。

（一）可以解释、评价和预测企业的经营成果和获利能力

利润表可以帮助信息使用者更好地评估企业的经济价值。首先，利润表是评价企业经营成果的有

效工具。通过利润表提供企业不同时期的比较数据，可以分析企业的获利能力及利润的未来发展趋势，了解投资者投入资本的保值增值情况。

通过比较和分析同一企业在不同时期或不同企业在同一时期的资产收益率、成本收益率等指标，能够揭示企业利用经济资源的效率；通过比较和分析收益信息，可以了解某一企业收益增长的规模和趋势。根据利润表所提供的经营成果信息，股东、债权人和管理部门可以解释、评价和预测企业的获利能力，据以对是否投资或追加投资、投向何处、投资多少等做出决策。

（二）可以解释、评价和预测企业的偿债能力

偿债能力是指企业偿还债务的能力。利润表本身并不能直接提供偿债能力的信息，但是企业的偿债能力不仅取决于资产的流动性和资本结构，也取决于获利能力。企业在个别年份获利能力不足，不一定影响偿债能力。但若一家企业长期丧失获利能力，则资产的流动性必然由好转坏，资本结构也将逐渐由优转劣，陷入资不抵债的困境。因而一家数年收益很少，获利能力不强或者亏损的企业，通常其偿债能力也不会很强。

债权人和管理部门通过分析和比较利润表的有关信息，可以间接地解释、评价和预测企业的偿债能力，尤其是长期偿债能力，并解释企业偿债能力的变化趋势，进而做出各种信贷决策和改进企业管理的决策，如维持、扩大或收缩现有信贷规模，应提出何种信贷条件等。管理部门则可据以找出偿债能力不强的原因，努力提高企业的偿债能力，改进企业的公众形象。

（三）企业管理人员可以据以做出经营决策

企业管理人员通过利润表提供的信息，可以比较和分析利润表中各构成要素，可知悉各项收入、成本和费用与利润之间的消长趋势，发现各方面工作中存在的问题，揭露缺点，找出差距，改善经营管理，努力增收节支，杜绝损失的发生，做出合理的经营决策。

（四）可以据以评价和考核管理人员的绩效

通过比较和分析利润表中的各项收入、费用、成本和利润的增减变动情况，并考察其增减变动的原因，可以较为客观地评价各职能部门、各生产经营单位的绩效，以及这些部门和人员的绩效和整个企业经营成果的关系，以便评判各部门管理人员的功过得失，及时做出采购和生产、销售、筹资和人事等方面的调整，使各项活动趋于合理。

利润表真正发挥上述的功能，与它所揭示的信息质量的好坏直接相关。而信息质量则取决于企业在收入确认、费用确认以及利润表其他项目确认时所采用的方法。由于会计程序和方法的可选择性，企业可能会选用对其有利的程序和方法，从而导致收益偏高或偏低。例如，对折旧费用、坏账损失和已售商品成本等都可以选择多种会计方法计算，产生多种选择，影响会计信息的可比性和可靠性。因此，报表使用者只有与资产负债表和现金流量表结合起来分析，才能全面评估一个企业经营成果的质量。

二、利润表的内容与格式

（一）利润表的内容

利润表是报告企业经营成果的手段，其内容主要包括以下几个方面。

（1）营业收入，是指企业在一定会计期间因经营业务所取得的收入总额，如对外销售的商品、提供劳务或从事其他经营活动而取得的收入。

（2）营业成本，是指企业在一定会计期间因经营业务所发生的成本总额，如对外销售的商品、提供劳务或从事其他经营活动而发生的成本。

（3）税金及附加，是指企业在销售环节所发生的税金金额，如消费税、城市维护建设税、资源税、教育费附加等。

（4）销售费用，是指企业为了销售产品发生的各项支出。

（5）管理费用，是指行政管理部门为了管理生产经营活动而发生的费用。

（6）财务费用，是指企业为了筹措资金等财务活动而发生的费用。

（7）投资收益，是指企业对外投资所发生的净收益或损失金额。

（8）公允价值变动损益，是指资产在资产负债表日由于公允价值和账面价值的差额而带来的利得或损失金额。

（9）资产减值损失，是指由于资产的可收回金额低于账面价值而发生的损失金额。

（10）直接计入当期损益的利得和损失，是指企业非日常经营活动发生的，会导致所有者权益增加的，与所有者投入资本无关的，应计入当期损益的利得，以及企业非日常经营活动发生的，会导致所有者权益减少的，与分配利润无关的，应计入当期损益的损失。

（11）所得税费用，是指企业按照税法规定应根据利润金额计算的所得税金额。

（12）净利润（或净损失），是指企业的最终经营成果，包括收入减去费用后的净额，以及应计入当期损益的利得和损失等。

（二）我国利润表的格式

我国利润表的格式采用多步式的结构，基本格式如表7-6所示。

表7-6 利润表

会企02表

编制单位： ___年___月___日 单位：元

项 目	本 期 金 额	上 期 金 额
一、营业收入		
减：营业成本		
税金及附加		
销售费用		
管理费用		
研发费用		
财务费用		
其中：利息费用		
利息收入		
加：其他收益		
投资收益（损失以"-"填列）		
净敞口套期收益（损失以"-"填列）		
公允价值变动收益（损失以"-"填列）		
信用减值损失（损失以"-"填列）		
资产减值损失（损失以"-"填列）		

续表

项　　目	本 期 金 额	上 期 金 额
资产处置收益（损失以"-"填列）		
二、营业利润（亏损以"-"填列）		
加：营业外收入		
减：营业外支出		
三、利润总额（亏损总额以"-"填列）		
减：所得税费用		
四、净利润（净亏损以"-"填列）		
五、其他综合收益的税后净额		
六、综合收益总额		
七、每股收益		
（一）基本每股收益		
（二）稀释每股收益		

三、利润表的编制

（一）利润表项目的填列方法

我国企业利润表的主要编制步骤和内容如下。

第一步，以营业收入为基础，减去营业成本、税金及附加、销售费用、管理费用、研发费用、财务费用、资产减值损失、信用减值损失，加上其他收益、投资收益（减去投资损失）、净敞口套期收益（减去净敞口套期损失）、公允价值变动收益（减去公允价值变动损失）和资产处置收益（减去资产处置损失），计算出营业利润。

第二步，以营业利润为基础，加上营业外收入，减去营业外支出，计算出利润总额。

第三步，以利润总额为基础，减去所得税费用，计算出净利润（或净亏损）。净利润再按照经营可持续性具体分为"持续经营净利润"和"终止经营净利润"两项。

第四步，以净利润为基础，加上其他综合收益，计算出综合收益总额。

普通股或潜在普通股已公开交易的企业，以及正处于公开发行普通股或潜在普通股过程中的企业，还应当在利润表中列示每股收益信息。

利润表各项目均需填列"本期金额"和"上期金额"两栏。其中，"上期金额"栏内各项数字应根据上年该期利润表的"本期金额"栏内所列数字填列。"本期金额"栏内各期数字，除"基本每股收益"和"稀释每股收益"项目外，应当按照相关科目的发生额分析填列。如"营业收入"项目根据"主营业务收入""其他业务收入"科目的发生额分析计算填列；"营业成本"项目根据"主营业务成本""其他业务成本"科目的发生额分析计算填列。其他项目均按照各该科目的发生额分析填列。

（二）利润表主要项目的填列说明

（1）"营业收入"项目，反映企业经营主要业务和其他业务所确认的收入总额。本项目应根据"主营业务收入"和"其他业务收入"科目的发生额分析填列。

（2）"营业成本"项目，反映企业经营主要业务和其他业务所发生的成本总额。本项目应根据"主营业务成本"和"其他业务成本"科目的发生额分析填列。

（3）"税金及附加"项目，反映企业经营业务应负担的消费税、城市维护建设税、教育费附加、资源税、土地增值税、房产税、车船税、城镇土地使用税、印花税等相关税费。本项目应根据"税金及附加"科目的发生额分析填列。

（4）"销售费用"项目，反映企业在销售商品过程中发生的包装费、广告费等费用和为销售本企业商品而专设的销售机构的职工薪酬、业务费等经营费用。本项目应根据"销售费用"科目的发生额分析填列。

（5）"管理费用"项目，反映企业为组织和管理生产经营发生的管理费用。本项目应根据"管理费用"科目的发生额分析填列。

（6）"研发费用"项目，反映企业进行研究与开发过程中发生的费用化支出以及计入管理费用的自行开发无形资产的摊销。本项目应根据"管理费用"科目下的"研发费用"明细科目的发生额以及"管理费用"科目下的"无形资产摊销"明细科目的发生额分析填列。

（7）"财务费用"项目，反映企业为筹集生产经营所需资金等而发生的应予费用化的利息支出。本项目应根据"财务费用"科目的相关明细科目发生额分析填列。其中，"利息费用"项目，反映企业为筹集生产经营所需资金等而发生的应予费用化的利息支出，本项目应根据"财务费用"科目的相关明细科目的发生额分析填列。"利息收入"项目，反映企业应冲减财务费用的利息收入，本项目应根据"财务费用"科目的相关明细科目的发生额分析填列。

（8）"其他收益"项目，反映计入其他收益的政府补助，以及其他与日常活动相关且计入其他收益的项目。本项目应根据"其他收益"科目的发生额分析填列。企业作为个人所得税的扣缴义务人，根据《中华人民共和国个人所得税法》规定，收到的扣缴税款手续费，应作为其他与日常活动相关的收益在本项目中填列。

（9）"投资收益"项目，反映企业以各种方式对外投资所取得的收益。本项目应根据"投资收益"科目的发生额分析填列。如为投资损失，本项目以"-"号填列。

（10）"净敞口套期收益"项目，反映净敞口套期下被套期项目累计公允价值变动转入当期损益的金额，或现金流量套期储备转入当期损益的金额。本项目应根据"净敞口套期损益"科目的发生额分析填列；如为套期损失，本项目以"-"号填列。

（11）"公允价值变动收益"项目，反映企业应当计入当期损益的资产或负债公允价值变动收益。本项目应根据"公允价值变动损益"科目的发生额分析填列，如为净损失，本项目以"-"号填列。

（12）"信用减值损失"项目，反映企业按照《企业会计准则第22号——金融工具确认和计量》的要求计提的各项金融工具信用减值准备所确认的信用损失。本项目应根据"信用减值损失"科目的发生额分析填列。

（13）"资产减值损失"项目，反映企业有关资产发生的减值损失。本项目应根据"资产减值损失"科目的发生额分析填列。

（14）"资产处置收益"项目，反映企业出售划分为持有待售的非流动资产（金融工具、长期股权投资和投资性房地产除外）或处置组（子公司和业务除外）时确认的处置利得或损失，以及处置未划分为持有待售的固定资产、在建工程、生产性生物资产及无形资产而产生的处置利得或损失。债务重组中因处置非流动资产（金融工具、长期股权投资和投资性房地产除外）产生的利得或损失和非货币性资产交换中换出非流动资产（金融工具、长期股权投资和投资性房地产除外）产生的利得或损失也包括在本项目内，本项目应根据"资产处置损益"科目的发生额分析填列；如为处置损失，本项目以"–"号填列。

（15）"营业利润"项目，反映企业实现的营业利润。如为亏损，本项目以"–"号填列。

（16）"营业外收入"项目，反映企业发生的除营业利润以外的收益，主要包括与企业日常活动无关的政府补助、盘盈利得、捐赠利得（企业接受股东或股东的子公司直接或间接的捐赠，经济实质属于股东对企业的资本性投入的除外）等。本项目应根据"营业外收入"科目的发生额分析填列。

（17）"营业外支出"项目，反映企业发生的除营业利润以外的支出，主要包括公益性捐赠支出、非常损失、盘亏损失、非流动资产毁损报废损失等。本项目应根据"营业外支出"科目的发生额分析填列。

（18）"利润总额"项目，反映企业实现的利润。如为亏损，本项目以"–"填列。

（19）"所得税费用"项目，反映企业应从当期利润总额中扣除的所得税费用。本项目应根据"所得税费用"科目的发生额分析填列。

（20）"净利润"项目，反映企业实现的净利润。如为亏损，本项目以"–"号填列。

（21）"其他综合收益的税后净额"项目，反映企业根据企业会计准则规定未在损益中确认的各项利得和损失扣除所得税影响后的净额。

（22）"综合收益总额"项目，反映企业净利润与其他综合收益（税后净额）的合计金额。

（23）"每股收益"项目，包括基本每股收益和稀释每股收益两项指标，反映普通股或潜在普通股已公开交易的企业，以及正处在公开发行普通股或潜在普通股过程中的企业的每股收益信息。

案例分析及业务操作

【业务 7-12】乙公司 2020 年度利润表中"营业收入"项目"本期金额"栏的列报金额=8000+1400+600=10 000（万元）。

【业务 7-13】乙公司 2020 年度利润表中"营业成本"项目"本期金额"栏的列报金额=7500+500=8000（万元）。

【业务 7-14】乙公司 2020 年度利润表中"税金及附加"项目"本期金额"栏的列报金额=50+30+400+20=500（万元）。

【业务 7-15】乙公司 2020 年度利润表中"管理费用"项目"本期金额"栏的列报金额为 600 万元。

【业务 7-16】乙公司 2020 年度利润表中"财务费用"项目"本期金额"栏的列报金额=400+90-8+18=500（万元）。

【业务 7-17】乙公司 2020 年度利润表中"投资收益"项目"本期金额"栏的列报金额=290+200-500=-10（万元）。

【业务 7-18】乙公司 2020 年度利润表中"资产减值损失"项目"本期金额"栏的列报金额=85+189+26=300（万元）。

【业务 7-19】乙公司 2020 年度利润表中"营业外收入"项目"本期金额"栏的列报金额=68+2=70（万元）。

【业务 7-20】乙公司 2020 年度利润表中"营业外支出"项目"本期金额"栏的列报金额=14+10+

4+2=30(万元)。

【业务 7-21】乙公司 2020 年度利润表中"所得税费用"项目"本期金额"栏的列报金额为 36 万元。

乙公司编制的 2020 年度利润表如表 7-7 所示。

表 7-7 乙公司利润表

会企 02 表
编制单位：乙公司　　　　　　　　2020 年 12 月 31 日　　　　　　　　　　　　　　　单位：元

项　　　目	本 期 金 额	上 期 金 额
一、营业收入	100 000 000	
减：营业成本	80 000 000	
税金及附加	5 000 000	
销售费用		
管理费用	6 000 000	
研发费用		
财务费用	5 000 000	
其中：利息费用	5 080 000	
利息支出	−80 000	
加：其他收益		
投资收益（损失以"−"填列）	−100 000	
其中：对联营企业和合营企业的投资收益	2 900 000	
以摊余成本计量的金融资产终止确认收益（损失以"−"填列）		
净敞口套期收益（损失以"−"填列）		
公允价值变动收益（损失以"−"填列）		
信用减值损失（损失以"−"填列）		
资产减值损失（损失以"−"填列）	−3 000 000	
资产处置收益（损失以"−"填列）		
二、营业利润（亏损以"−"填列）	900 000	
加：营业外收入	700 000	
减：营业外支出	300 000	
三、利润总额（亏损总额以"−"填列）	1 300 000	
减：所得税费用	360 000	
四、净利润（净亏损以"−"填列）	940 000	
五、其他综合收益的税后净额		
六、综合收益总额	940 000	
七、每股收益		
（一）基本每股收益		
（二）稀释每股收益		

趣谈财务四张表

新年快到了,某公司老板打算组织聚餐,于是拿出5000元让助理小刘筹备一下犒劳大家。但是小刘需要考虑如下问题:第一,一顿饭需要花多少钱;第二,钱不够了怎么办;第三,这些钱都能买什么东西;等等。如果把这些问题统计起来,就会形成简单的财务报表。小刘怕钱不够,先找朋友小李借了2000元(这属于负债),加上自己本来有的5000元(这属于所有者权益),于是小刘一共有7000元(这属于资产)。这些资金状况统计起来,就是"资产负债表"。聚餐当天,由于员工们比较开心,酒不够喝了,于是小刘又到附近超市买了几箱酒和水果等。老板怕钱不够用,又给了小刘1000元。这样除去饭钱、酒钱等费用,再还给小李2000元钱,小刘手里还能剩一些钱。如果把这些钱列出一张账单,其实就是我们熟知的"利润表"。聚餐过后,小刘发现还剩下一箱酒,那么这箱酒是退还给卖家换钱,还是自己拿回家喝呢?不同的选择,会导致不同的现金流动,这些问题统计起来,就是现金流量表。

模块总结

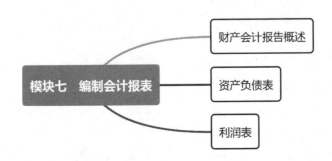

参 考 文 献

[1] 厦门网中网软件有限公司,中华会计网校. 精编基础会计实务[M]. 北京:高等教育出版社,2019.

[2] 程淮中. 会计职业基础[M]. 4版. 北京:高等教育出版社,2019.

[3] 财政部会计资格评价中心. 初级会计实务[M]. 北京:经济科学出版社,2020.

[4] 财政部会计资格评价中心. 经济法基础[M]. 北京:经济科学出版社,2020.

[5] 李娜. 基础会计[M]. 北京:中国人民大学出版社,2017.

[6] 孔德兰. 会计基础[M]. 3版. 北京:高等教育出版社,2020.

[7] 中华人民共和国财政部. 企业会计准则[M]. 北京:经济科学出版社,2020.

[8] 中华人民共和国财政部. 企业会计准则应用指南[M]. 上海:立信会计出版社,2020.